御嶽海戦で見られる取組中の技

おっつける

相手の差し手の威力を自分の手から肘を使ってそぐこと。

脇を固め、自分の肘を相手の肘の外側に押し付けて、絞り上げる。

蒼国来（左）を
左おっつけで攻める

白鵬（左）の右おっつけに阻まれ、差し手をねじ込めない

はず押し

親指と残り４本の指の間を開いて矢筈の格好にし、相手の脇の下や胸、腹などにあてがって押すこと。

もろ差しから右をはず押しに切り替えて琴奨菊（右）を攻める

徳勝龍（左）に
左はずで立ち合う

かちあげ

立ち合いの際、肘から相手にぶつかり、胸から顎のあたりを突き上げること。

白鵬（左）の
右かち上げを受ける

四つ

互いの腕を相手の脇に交互に差し、体を密着させて組み合うこと。互いの右腕を下手にした場合を右四つ、互いの左腕を下手にすると左四つといい、四つに組んで、相手のまわしをつかんで取るのを四つ相撲という。

プロフィール

大道久司（おおみち・ひさし）

1992 年	12 月 25 日生まれ
99 年	上松小１年、木曽福島少年相撲クラブ入り
2002 年	全日本小学生優勝大会北信越大会　４年個人優勝
03 年	わんぱく相撲全国大会　５年小結
04 年	わんぱく相撲全国大会　６年関脇
07 年	福島中３年、全国中学校選手権　個人ベスト８
10 年	木曽青峰高２年、全国高校選抜大会　団体準優勝
	木曽青峰高３年、全国高校総体　個人５位
	国体少年の部　個人３位
11 年	東洋大１年、全国学生選手権　個人３位
12 年	東洋大２年、全国日本選手権　個人３位
13 年	東洋大３年、全国学生選手権　団体優勝
14 年	東洋大４年、全国学生選手権　個人優勝〔学生横綱〕
	全日本選手権　個人優勝〔アマチュア横綱〕
15 年	２月　出羽海部屋入門、しこ名「御嶽海」発表

御嶽海久司（みたけうみ・ひさし）

出　身	長野県木曽郡上松町
部　屋	出羽海
体　格	178㎝、158kg
初土俵	2015 年春（幕下10枚目格付け出し）
新十両	15 年名古屋
新入幕	15 年九州
新三役	16 年九州場所
最高位	小結
得　意	突き、押し

番付と成績

場所	番付	成績
2015 年		
初土俵 春場所	幕下 10 枚目格付け出し	６勝１敗
夏場所	東幕下３枚目	６勝１敗
新十両 名古屋場所	西十両 12 枚目	11 勝４敗 十両優勝
秋場所	西十両５枚目	12 勝３敗
新入幕 九州場所	西前頭 11 枚目	８勝７敗
2016 年		
初場所	西前頭 10 枚目	５勝８敗２休
春場所	西前頭 13 枚目	10 勝５敗
夏場所	西前頭８枚目	11 勝４敗 敢闘賞
名古屋場所	東前頭筆頭	５勝 10 敗
秋場所	西前頭５枚目	10 勝５敗
新三役 九州場所	東小結	６勝９敗
2017 年		
初場所	西前頭筆頭	11 勝４敗 技能賞
春場所	東小結	９勝６敗

日本相撲協会の資料によると、御嶽海は昭和以降の県内出身関取としては７人目。

資料には主な県内出身力士 18 人の記載があり、最初は江戸時代の名力士として知られる雷電《らいでん》（東御市出身）。1790（寛政２）年に関脇付け出しでデビューし、当時の最高位の大関に上り詰めた。「江戸相撲」で通算 254 勝 10 敗、勝率９割６分２厘の戦績。

明治、大正期の関取には、大正期に御嶽海と同じ出羽海部屋に所属した元幕内槍ケ嶽（長野市出身）がいる。

昭和以降は関脇まで昇進した高登《たかのぼり》（下伊那郡喬木村出身）や、1968 年に新十両になり、最高位が前頭３枚目の大鷲《おおわし》（佐久市出身）まで６人が並ぶ。

県内出身の関取は大鷲以来 37 年ぶりで平成初。幕内力士は 39 年ぶり、三賞獲得は 1951 年夏場所で東前頭 14 枚目の大昇《おおのぼり》（北佐久郡軽井沢町出身）以来 65 年ぶり２度目、新三役は 1932 年２月場所で高登が東小結に昇進して以来 84 年ぶり。

2年目始まる

2桁勝利を狙う　2度目の春場所

春巡業松本場所 PR の握手会に参加

会場（東筑摩郡山形村）を訪れた 800 人を前に「初めて負け越した1月の初場所の思いを糧にして、3月は勝ち越しとさらに2桁勝利を狙う」とあいさつ。最初に握手を交わした塩尻市片丘小2年の植木えりかさん（8）は「御嶽海関は思ったよりもとても大きく、優しそうだった」（2月 28 日）

春場所の新番付発表で「西前頭13枚目」に

堺市内にある出羽海部屋宿舎の稽古場で「初めて番付が落ちたのを見て悲しい部分もあるけれど、一から頑張ろうという気持ちになった」。今場所から2年目に入るのを前に「新鮮な気持ちになった。1年前は緊張と必死さの中でここからスタートしたから」と気を引き締めた（2月 29 日）

春場所に向け稽古再開

稽古初日から兄弟子で東十両13枚目の出羽疾風、幕下の海龍、出羽鳳とスピード感のある申し合い稽古を30番。初場所後から大阪入りするまで、東京でじっくり稽古を積み「研究される分、辛抱することになるけれど、（周囲に負け越した）先場所を忘れさせるくらい頑張りたい」（3月1日）

挽回へ充実の稽古

故障回復し調整

大相撲西前頭13枚目の御嶽海が、2桁勝利を目指す春場所に向け、充実した稽古をこなしている。勝ち残り方式の申し合い稽古や同じ相手と繰り返し相撲を取る三番稽古を連日、実施。久しぶりに故障や体調不良に苦しまずに調整を進めている。

3月5日は堺市内の部屋宿舎で、兄弟子で東十両13枚目の出羽疾風と三番稽古を21番行った。1日の稽古再開から5日間で出羽疾風や幕下力士と取った番数は計129番。幕内の御嶽海は勝って当然の番付だが、1日21～30番をほぼ連続で取り切るのは気力も体力も要る。

1月の初場所は、インフルエンザによる初の途中休場もあって5勝8敗2休と初めて負け越した。充実した稽古は挽回への気迫の表れかと問われると、「このぐらいやるのは当たり前っすよ」と口調も滑らかだった。

入門からこの1年間、場所前は故障や巡業による疲労に悩まされることが多く、順調だったのは新十両優勝した前年7月の名古屋場所の前くらい。今場所は初場所後に巡業がなく、東京で落ち着いて調整に励んだ。

左股関節の故障が回復し、股関節周りに持ち前のしなやかさが戻ってきた。「四股を踏んだ時、足がだいぶ上がるようになってきた」。幕内の立ち合いの圧力に負けないよう、1歩目の踏み込みを半歩前から1歩前に広げる動きも体に染み付いてきた。

「明日までこの稽古量でやり、明後日から少しずつ落とすことも考えたい」。前夏の名古屋場所は初日から8連勝したが、唇裂傷のけがもあって後半は苦しんだ。幕内3場所目の23歳は自分の相撲を15日間取りきるため、心身の万全を期す。

福祉施設へ初の慰問

出羽海部屋が社会貢献で行っている高齢者福祉施設への慰問に、角界入りしてから初めて参加。利用者の88歳の女性は「若さと元気を頂き、大いに癒やされ、涙が出そうです」（3月10日）

大阪で激励会　活躍誓う

「部屋は（稽古で十両以上が許される）白まわしを締めた力士が途絶えて久しかったけれど、今場所は1年前に入ってきた御嶽海と（十両の）出羽疾風が力のこもった稽古をやっていてうれしく、頼もしく思った」と大阪出羽海会の七條雅一会長（63）。御嶽海は「応援してくれる人たちに喜んでもらえる結果を残したい」（3月5日）

稽古順調、踏み込み力強く

稽古再開からの10日間で、ぶつかり稽古での調整が1日、稽古休みが1日あったものの、残りの日は申し合い稽古や三番稽古で相撲を計189番を取った御嶽海。故障を抱える左股関節の状態が悪くなく、持ち前の立ち合いの踏み込みにスピードと力強さが（3月11日）

御嶽山の化粧まわし贈呈

地元のシンボルでしこ名の由来となった御嶽山を描いた化粧まわしを贈った御嶽海後援会の小島洋一郎会長（69）は「木曽で2週間お披露目をし、地元の人の思いが込められている」（3月6日）

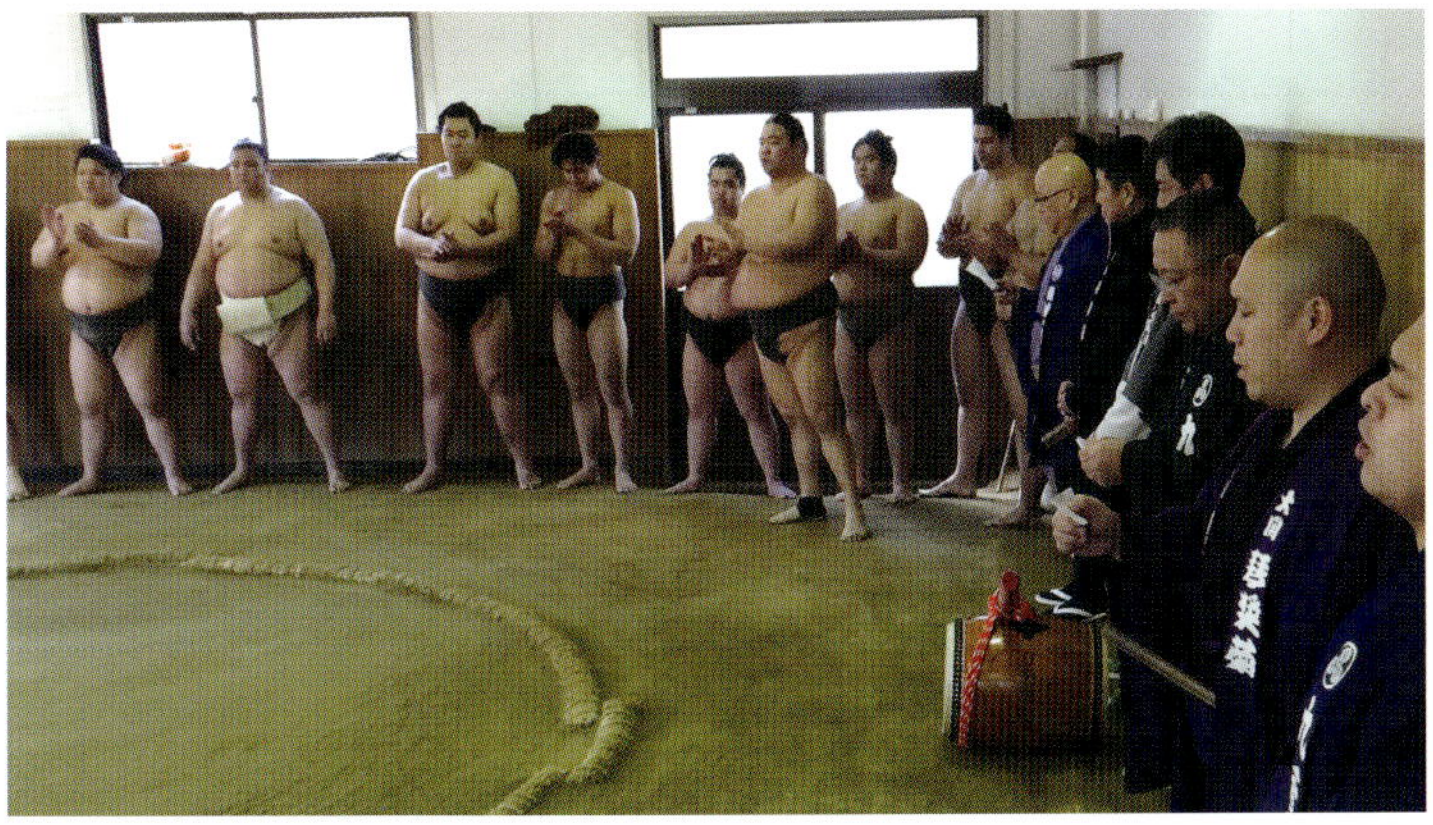

初日前日　高まる緊張感

前日は堺市内の部屋宿舎で、ぶつかり稽古を中心に最終調整。稽古後は、呼出衆が初日の取組を紹介する「触れ太鼓」を聞き、部屋筆頭として三本締めの音頭を取った（3月12日）

元幕内大鷲・伊藤平さん語る

「くにもん」筆頭、見本に

御嶽海と2月27日に初めて会った。4月の春巡業佐久場所をPRする握手会で佐久市に来て、自分の店を訪れた。はつらつとして、新人、新顔らしさが出ていた。「頑張れ」と伝えたし、御嶽海も「大鷲さんのコラムをいつも読ませてもらっています」と言っていた。

角界では、同郷出身者を「くにもん」と言う。自分が入門した1962（昭和37）年当時、百人以上が集まっていた同じ高砂一門の連合稽古で、部屋が違う長野県出身の兄弟子たちが「あんちゃん、しっかり稽古をやれよ」と励ましてくれた。

部屋の外に出ても、元幕内大昇（北佐久郡軽井沢町出身）の春日山親方が、自分によく声を掛けてくれた。そのような機会があるたびに、親戚の人に会ったような、ほっとした気持ちになったことを覚えている。

13日初日の春場所は長野県出身力士が序ノ口から幕内まで10人いる。御嶽海にとっては初めて負け越した後の場所。十両に落ちられないと、緊張感は従来の2倍になるかもしれない。「くにもん」の筆頭として見本になってほしいし、巡業では若い郷土力士を引っ張り出して稽古をつけてあげるくらいになってほしい。

初日

御嶽海 0－1 ●すくい投げ○ 大翔丸 1－0

立ち合いから相手を崩し…逆転の投げ食らう

　2桁勝利を狙う御嶽海は初日からつまずいた。同じ元アマチュア横綱で過去3戦3勝と相性の良かった大翔丸に、すくい投げを食らって逆転負け。2015年の春場所で初土俵を踏み、今場所から2年目に入った23歳にとって、黒星発進は幕下だった15年5月の夏場所以来2度目。3場所目に入った幕内では初めてだ。

　立ち合いから頭で当たると、右喉輪、左はずで突き放し、大翔丸の体勢を崩したところまでは良かった。「（突き押しの圧力を）外された形だったので、四つの流れになるかなと思った」と一転して左上手を取って前に出ようとしたが、甘い脇に大翔丸の腕が深く入った。「予想していなかった」という強烈なすくい投げに体が浮き、宙を舞った。

　東洋大から幕下10枚目格付け出しデビューした御嶽海は新十両だった15年7月の名古屋場所で、日大出身で1年早く幕下15枚目格付け出しデビューした大翔丸を番付で追い抜いた。大翔丸は十両から幕下に転落したが、今場所を新入幕で迎えるまで挽回。御嶽海は「アマの先輩に初めて負け、良い勉強になった」。

　初土俵だった前年は、油も付けられない短髪で立った大阪の土俵。まげ姿の幕内力士として戻り、「1年ぶりに帰ってきたなという気持ちは少しある」としたが、初日黒星では感慨に浸っている余裕はない。「体は動いている。あとは反応だけ。まだ2年目なので、挑戦するつもりで取っていきたい」。隙を逃してくれない幕内の厳しさを忘れず、2日目に臨む。

大翔丸《だいしょうまる》

番付＝東前頭14枚目（自己最高位）
出身＝大阪府
部屋＝追手風
体格＝175センチ、149キロ
年齢＝24歳（日大出、元アマチュア横綱）
初土俵＝2014年春
（幕下15枚目格付け出し）
新十両＝15年夏
新入幕＝16年春
得意＝突き、押し
先場所＝10勝5敗
【前回の対戦】
2015秋　○突き落とし
（通算　3勝1敗）

今場所前に御嶽海後援会から贈られた「御嶽山」の化粧まわしを着けて土俵入り

隙突かれ苦杯

体動いて初白星

引き落とし、相撲勘の良さ発揮

「体が動いている」。御嶽海は言葉通りの取り口を見せた。立ち合いの圧力は互角。自分よりも背が4センチ高い大栄翔の方が当たりが低く「下から来られて焦った」と言うが、手数の多い突き押しで上体を起こすと、体の間隔が詰まり、大栄翔の両足がそろったところで引き落とし。「相手がタイミング良く自分を押してくれ、引けて良かった」と相撲勘の良さを発揮した。

大栄翔とは2度目の顔合わせ。初対戦は2015年7月の名古屋場所13日目で、御嶽海は押し出しで敗れた。ただ、その時は同10日目の対戦で負傷した左上唇の腫れや痛みの影響が大きかった。今回は「あの時の相手のイメージは残っていなかった」と言い、同じ突き押しを武器にする1歳下の大栄翔に、初めて自分の相撲で向かっていけた。

初勝利を挙げ、星は五分。1月の初場所はインフルエンザによる初の途中休場もあり、5勝8敗（不戦敗1）2休と初めて負け越した。「先場所は体調管理ができず、自分の相撲も取れなかった。良い勉強ができた」

反省から、同じ一門の三役経験者、碧山（ブルガリア出身、春日野部屋）にならって風邪予防にヨーグルトを食べるなど体調管理に気を配る。今年の大阪は寒暖差が激しく、西前頭4枚目の蒼国来はインフルエンザで休場に入った。

「今場所でデビューして2年目に入り、これからという気持ちがある」と御嶽海。初めて番付を下げて臨む場所で、再浮上のために狙うのは2桁勝利。動きの良さを維持し、ここから勢いに乗れるか。

2日目

御嶽海 1－1 ○ 引き落とし ● 大栄翔 1－1

御嶽海の後援会が観戦ツアーが、オレンジの地に濃紺で「御嶽海」とプリントしたそろいのウインドブレーカー姿で初白星を強力後押し。引き揚げの際、拍手で迎えられた御嶽海は顔をほころばせてサインや握手、写真撮影に応じていた

大栄翔《だいえいしょう》

番付＝西前頭14枚目
出身＝埼玉県
部屋＝追手風
体格＝182センチ、152キロ
年齢＝22歳
初土俵＝2012年初
新十両＝14年名古屋
新入幕＝15年秋
最高位＝前頭13枚目
得意＝突き、押し
先場所＝8勝7敗
【前回の対戦】
2015名古屋　●押し出し
（通算　1勝1敗）

3日目

御嶽海 2−1 ○ 肩透かし ● 千代鳳 1−2

速攻転換で連勝

長い相撲になっても焦らず

御嶽海は2連勝で白星を先行させた。初日の大翔丸と並び、対戦回数で最も多い4度目の顔合わせとなった千代鳳戦。「4度も当たれば、互いに手の内が分かってくる。自分の相撲を貫くしかないと思った」と突き押しの真っ向勝負を選んだ。

千代鳳を起こし、いなして体勢を崩した。粘る相手に一度はまわしに手を掛けられ、そこから頭を付け合う体勢になったが、「相手が重たかったから、自分が速く動くことで勝負を決めようと切り替えた」。タイミング良くはたいて泳がせ、手繰るような動きから肩透かしで土俵外へ出した。「相手が見え、体の調子も良いから動けた。長い相撲になっても焦ることはないと思っていた」

同じ23歳で元小結の千代鳳とは、2月のNHK福祉大相撲の余興で、それぞれ女性歌手らとステージで歌を披露し、話題となった。ともに期待される次世代の担い手だ。

ただ、2人とも先場所から番付を落として幕内下位で相撲を取ることもあり、この取組に懸賞は出されなかった。御嶽海は4日目16日の英乃海戦も懸賞ゼロの予定。「懸賞は、今はなくても、少なくてもいい。あとで増えてくることになれば、それでいい」と御嶽海。静かに地力を付け、土俵でさらに輝く時を待つ。

千《ち》代《よ》鳳《おおとり》

番付＝東前頭13枚目
出身＝鹿児島県
部屋＝九重
体格＝178センチ、175キロ
年齢＝23歳
初土俵＝2008年夏
新十両＝12年春
新入幕＝13年夏
新三役＝14年夏
最高位＝小結
得意＝突き、押し
先場所＝5勝7敗3休
【前回の対戦】
2016初　○押し出し
（通算　2勝2敗）

前へ前へ3連勝

4日目

御嶽海 3－1 ○寄り倒し● 英乃海 1－3

素早い立ち合い、踏み込んで主導権

四つ相撲の英乃海とのせめぎ合いを制し、御嶽海は「まわしを取られないように、前傾姿勢を保てたことが良かった」と勝因を挙げた。「稽古で強化している」という素早い立ち合いで自分の体勢を先につくった。英乃海が左足を1歩踏み出す間に、御嶽海は左足、右足と2歩も踏み込んで主導権を握った。

土俵中央に並列する仕切り線の間隔は70センチ。対戦相手との距離はわずかで、いかに先手を取るかが重要になる。御嶽海は体重153キロで幕内平均よりも約10キロ軽い。1月の初場所で初めて負け越した御嶽海は、幕内力士の高い圧力に対抗するため、立ち合いの踏み込みの歩幅を半歩から1歩に広げ、さらにスピードも上げようと取り組んだ。

英乃海に対して積極的に下から押し上げると、喉輪を交えた突き、押しで前進。左、右と逃げて好機を狙ってきた英乃海を放して組ませなかった。

最後は右を抱えられて強引な小手投げを食らいそうになったが、足が動き、「体を預けるだけだった」と寄り倒した。

同じ突き押しを武器にする東前頭筆頭の琴勇輝が前日、横綱日馬富士から金星を挙げた。御嶽海が日ごろから「精神面も含めて強い」とみている力士だ。武器は同じだが、琴勇輝は176キロの重い体を土台に、速い腕の回転で圧力を伝える。御嶽海は「自分は体を前傾させ、下から体全体を（ばねのように）使って圧力を伝える」。それだけに自分の立ち合いができるかどうかが生命線だ。

幕内3場所目で報道陣から所作が堂々としてきたと言われると、「稽古をしっかり積んできたから」と話した。5日目の17日は逸ノ城との初顔合わせ。「特に意識しない」と自分の立ち合いで挑む。

英《ひで》乃《の》海《うみ》

番付＝西前頭12枚目（自己最高位）
出身＝東京都
部屋＝木瀬
体格＝185センチ、156キロ
年齢＝26歳（日大出）
初土俵＝2012年夏
新十両＝14年九州
新入幕＝15年名古屋
得意＝右四つ、寄り
先場所＝11勝4敗
【前回の対戦】
2015秋　○寄り切り
（通算　2勝）

出羽海親方「ずっと攻め続け、足もよく出ていた。踏み込みが良いから、次はその後の馬力をつけることが必要。そうすれば、さらに踏み込みの良さが生き、体重の重い相手でも、もっと前に持っていけられる」

5日目

御嶽海 3−2 ●送り出し○ 逸ノ城 5−0

低さが裏目 御嶽海完敗

逸ノ城戦「相手の力が強かった」

御嶽海は完敗だった。身長193センチ、体重214キロの逸ノ城に低く当たろうとしたが、「頭を下げ過ぎてしまった」。左に動いた逸ノ城に首もとを上から力強くたたかれ、178センチ、153キロの体が大きく泳いだ。「相手の力が強かった」。向き直ることができずにあえなく送り出され、土俵下まで吹っ飛んだ。

御嶽海はどんな相手でも自分の突き押し相撲を貫こうと、当日まで取組相手を知ろうとしない。ただ、注目の一番となるとそうもいかない。前日の取組後、報道陣から「明日は逸ノ城戦ですが」と心境を問われ、「知らされちゃった」と苦笑い。一夜明け、いやがおうにも描かれた攻め手のイメージを土俵で見せたかったが、「低くいこうと意識し過ぎた」。

腕っぷしの強さを見せた逸ノ城は、モンゴルで遊牧民生活をし、長い距離を歩いての水くみが日課だった。野性味あふれる育ち方だが、御嶽海もひ弱というわけではない。木曽谷で幼少期から父・春男さん(67)について狩猟に行き、森林環境科に在籍した木曽青峰高時代を含め、木の伐採にも慣れている。

「山の中で足裏の感覚や使い方が発達した。自分はバランス力があるし、傾斜地でも素早く動ける」。その力は、草原で育ったモンゴル出身力士とは違う要素なのだという自負があるが、土俵で見せることはお預けとなった。

15日間の3分の1となる5日目を終え、戦績は3勝2敗。目標の2桁勝利に向け、勝ち星獲得のペースを少し上げないといけないが、「自分の相撲は取れている。修正の必要はなく、このままで大丈夫」と焦らない。

「がんばれ御嶽海関」横断幕を掲げて応援した近畿長野県人会の愛好会。13人が県人会の緑色の法被で入場し、土俵入りでは「みたけうみ、ソレッ、みたけうみ」と繰り返し声援を送った

逸《いち》ノ城《じょう》

番付＝東前頭11枚目
出身＝モンゴル
部屋＝湊
体格＝193センチ、214キロ
年齢＝22歳（元実業団横綱）
初土俵＝2014年初
（幕下15枚目格付け出し）
新十両＝14年夏
新入幕＝14年秋
新三役＝14年九州
最高位＝関脇
得意＝右四つ、寄り
先場所＝2勝13敗
【初顔合わせ】

「立ち遅れ」挽回

6日目
御嶽海 4－2 ○寄り切り● 北太樹 2－4

4勝目「体動いている」

生命線の立ち合いで「立ち遅れた」と御嶽海。動きの激しい取り口を強いられた。33歳北太樹の当たりに下がったが、窮屈な体勢から四つを嫌っていなし、上手出し投げを打った。幕尻で2勝3敗と勝ち星が欲しい北太樹に素早く向き直られたものの、御嶽海はすかさず両腕を差し、腰を落として寄り切った。

「立ち遅れても勝ちを拾えてうれしい。体が動いている証拠です」。前日、初土俵から同じ所要4場所で幕内昇進した元関脇の逸ノ城との初顔合わせがあり、注目されたが、完敗した。ただ、「一日一番という気持ちで結果は引きずらず、毎日の切り替えはうまくできている」。集中し直して4勝目をもぎとった。

この日は気迫を後押しする要素が二つあった。北太樹戦には、懸賞が御嶽海にとって先場所の遠藤戦の15本に次いで多い、10本（約60万円）出された。十両下位では、同じ出羽海部屋所属の兄弟子で、27歳の出羽疾風が5連勝で5勝1敗と好調だ。御嶽海は「負けられないと思い、気合が入った」と繰り返した。

6日目を終えて4勝2敗は、前年11月の九州場所と同じ。九州場所は7日目の臥牙丸戦に敗れてから崩れ、8勝7敗とぎりぎり勝ち越した。19日の今場所7日目も臥牙丸が相手。幕内3場所目を迎えた23歳の御嶽海は成長した姿を見せたいところだ。

北太樹《きたたいき》

番付＝西前頭15枚目
出身＝東京都
部屋＝山響
体格＝184センチ、151キロ
年齢＝33歳
初土俵＝1998年春
新十両＝07年名古屋
新入幕＝08年秋
最高位＝前頭2枚目
得意＝左四つ、寄り
先場所＝7勝8敗
【前回の対戦】
2016九州　○押し出し
（通算　2勝）

7日目

御嶽海 4－3 ● 押し出し ○ 臥牙丸 4－3

臥牙丸に3連敗　鋭い立ち合い、不発

御嶽海は巨漢力士への苦手意識が立ち合いの動きに出ている。この日は登録体重199キロで実際は200キロ以上あるとされる臥牙丸に低く鋭い立ち合いができず、一方的に押し出された。5日目も幕内最重量214キロの逸ノ城に頭を下げ過ぎて完敗。153キロの御嶽海は「大きい人は、やりづらい」と漏らした。

御嶽海は臥牙丸よりも先に手をついて構えたものの、臥牙丸は中途半端な手の下ろし方で止まったまま。御嶽海はタイミングを取り直して立ったが、臥牙丸の姿勢が変わらなかったため、「自分が突っかけたと思った」。しかし、立ち合いは成立。「自分の腰が高かった」と臥牙丸の押し3発をまともに食らってあっけなく土俵を割った。

巨漢力士への苦手意識がにじむのは「やったことがなかったから」。学生横綱、アマ横綱に輝いた東洋大時代、上位に来る相手の中では「大輝（西幕下8枚目＝日体大出身の元学生横綱）が自分よりも同じか、やや大きいくらいなだけ」だった。角界入りして幕下と十両下位時代は215キロの徳真鵬を立ち合いからの素早く巧みな動きで2度とも突き落としたものの、レベルが上がった幕内では、臥牙丸に3連敗となった。

7日目を終えて4勝3敗は「悪くない」としたものの、今場所は2桁勝利を目標に掲げるだけに物足りなさも残る。幕内3場所目を迎えた御嶽海は今後、大きく星を伸ばしていくためにも苦手意識を払しょくしなければならない。

巨漢に苦手意識

臥牙丸《ががまる》

番付＝東前頭10枚目
出身＝ジョージア
部屋＝木瀬
体格＝187センチ、199キロ
年齢＝29歳
初土俵＝2005年九州
新十両＝09年九州
新入幕＝10年名古屋
新三役＝12年春
最高位＝小結
得意＝押し
先場所＝7勝8敗
【前回の対戦】
2017初　●押し倒し
（通算　3敗）

巧みに5勝目

集中力切らさず、重い相手を攻略

8日目

御嶽海 5－3 ○寄り切り● 明瀬山 2－6

御嶽海が巧みさとスピードで上回った。立ち合いで重い明瀬山の当たりを受けてのけぞり気味になったが、「相手の脇が空いていた。うまく2本入った」と下がりながらもろ差しに成功。すくい投げで土俵際に追い込むと、体を密着。30歳で今場所新入幕の明瀬山に粘られそうになったが、腰を落として寄り切った。

「上体が起きても、前に行こうという気持ちがあったから、焦らないで対処できた」。前日は臥牙丸に三たび完敗し、5日目の逸ノ城戦を含めて巨漢力士への苦手意識があらわになった。この日は気持ちを切り替えて立ち合い、「動きを休んだら相手が重たいから。それは苦手なので」と集中力を切らさなかった。

御嶽海は体重１５３キロ。中日までに勝った相手の中で、明瀬山と千代鳳がともに１７５キロと重い。東洋大時代まで自分よりも大幅に重い力士との対戦がほとんどないという御嶽海は、まずは2人のような力士との取組を繰り返して重さに慣れ、２００キロクラスの巨漢力士への対抗策を描いていくのも一つの道なのか。その問いに、「はい」とうなずいた。

中日を折り返して5勝3敗の戦績は、前年の九州場所の4勝4敗、今年の初場所の3勝5敗（不戦敗1）を上回る。「まだ勝ち越してもいないし、半分が過ぎただけ。一番一番に集中してやりたい」と目標に据える2桁勝利を諦めていない。

明瀬山《あきせやま》

番付＝東前頭16枚目（自己最高位）
出身＝愛知県
部屋＝木瀬
体格＝１８２センチ、１７５キロ
年齢＝30歳（日大出）
初土俵＝２００８年初
新十両＝10年九州
新入幕＝16年春
得意＝突き、押し
先場所＝8勝7敗
【前回の対戦】
２０１５秋　○寄り切り
（通算　3勝）

一気の押しで6勝目

9日目

御嶽海 6－3 ○押し出し● 阿夢露 5－4

「足が出ているし、良い感じ」

御嶽海が阿夢露と初めて対戦したのは、前年の九州場所。身長191センチの阿夢露を両喉輪で起こしてから、腕を2本とも脇に入れて休まずに寄り切った。2度目の対戦となったこの日は、突き押しに徹して完勝。「まわしを取ると相手も強い。前に出ることを考えていた」と話す口調に自信がにじんだ。

立ち合いで低く当たると、喉輪を中心に突き、押しを繰り出した。たまらずはたこうとした阿夢露の引きに乗じて出足のギアを上げ、腰を落として、頭を低くして一気に前進。反撃の機会を与えずに押し出し、「足が出ているし、良い感じ」とうなずいた。

阿夢露は幕内（42人）で3分の1を占める外国出身力士（14人）で最年長の32歳。初土俵は2002年夏場所だったが、その後、両膝の大けがに見舞われ、幕内に昇進したのは14年九州場所。スピード出世が目立つ外国出身力士の中、初土俵から所要74場所での新入幕だった。

御嶽海は、幕内の大学出身力士13人の中で最も若い23歳。初土俵から4場所での幕内昇進は、昭和以降2番目の早さだった。スロー出世の「苦労人」との一番を再び制し、「今場所6勝目で精神的にも良い感じです」と話した。

幕内で、高校を出て入門した力士（中退含む）は9人、かつて主流だった中学卒業後に入った力士は6人。15日間、いろんな経歴や背景を持つ力士と戦う御嶽海は「ここまで連敗がなく、（負けても）うまく気持ちを切り替えて臨めている」と幕内3場所目の残り6番を見据えた。

阿夢露《あむうる》

番付＝西前頭11枚目
出身＝ロシア
部屋＝阿武松
体格＝191センチ、136キロ
年齢＝32歳
初土俵＝2002年夏
新十両＝12年初
新入幕＝14年九州
最高位＝前頭5枚目
得意＝左四つ、寄り
先場所＝7勝8敗
【前回の対戦】
2015九州　○寄り切り
（通算　2勝）

立ち合い狂わされ

10日目
御嶽海 6－4 ●寄り切り○ 徳勝龍 5－5

苦手四つで4敗

4敗目の御嶽海は、立ち合いのタイミングをずらされたようだ。徳勝龍よりも早く手をついて待っていたが、「向こうの手をつく動作が遅かった」と狂わされたという。

生命線の立ち合いで精彩を欠くと、左おっつけが徳勝龍の脇にすっと入り、苦手な左四つの体勢となった。「普通に手が入っちゃった。自分は四つ相撲じゃないから、ああなると厳しい」。胸が合っても腰を浮かせずに自身よりも30キロ近く重い徳勝龍を攻めたが、まわしを与えて万事休す。あえなく寄り切られた。

「相撲を取らせてもらえなかった」。前年11月の九州場所で幕内に昇進して以降、本来の立ち合いをさせてもらえない取組が散見される。タイミングをずらされたり、踏み込むスペースを消されたりする動作に影響を受ける。「まだ、立ち合いは全然だめ」。御嶽海にとって、体重200キロクラスの巨漢力士への苦手意識と並ぶ大きな課題だ。

6勝4敗で、後半戦の残り5日間に入る。「体の調子は悪くない」。裏付けるように食欲は安定して旺盛だ。前日は夕食で韓国料理を後援者にごちそうになると、夜食はご飯をおかずに大盛りのうどんを完食。この日の朝もちゃんこ鍋、どんぶり飯4杯をたいらげた。

立ち合いの駆け引きに慣れつつ、「これまで通り、自分の相撲を取っていく」姿勢は変えない。

御嶽海の父親大道春男さん（67）と母親マルガリータさん（45）が、今場所初めて会場のエディオンアリーナ大阪（大阪市）で応援。マルガリータさんは「御嶽海頑張れ！！」の横断幕を広げ、右隣の観客には春男さんと同じ横断幕、左隣の観客には春男さんが振ったのと同じ似顔絵入りのうちわを渡して盛り上げた

徳勝龍《とくしょうりゅう》

番付＝東前頭12枚目
出身＝奈良県
部屋＝木瀬
体格＝180センチ、180キロ
年齢＝22歳（近大出）
初土俵＝2009年初
新十両＝11年九州
新入幕＝13年名古屋
最高位＝前頭4枚目
得意＝突き、押し
先場所＝4勝11敗
【前回の対戦】
2016九初 ●不戦敗
（通算 2敗）

200キロの圧力に苦戦

脇の甘さ突かれ今場所初の連敗

御嶽海は今場所に入って初の2連敗を喫し、5敗目。角界入りして初めて番付を下げて臨んでいる今場所は、2桁勝利を目標に掲げているが、達成には後がなくなった。

苦手意識を持つ体重200キロクラスの魁聖が相手だった。「立ち合いは良かった」と問題なく当たったが、脇の甘さを突かれて負けパターンの左四つ。胸を合わせ、あっけなく寄り切られた。

「重い相手はだめ。圧力で負けている。分かっていても、自分の相撲を取るのは難しい。これから慣れるしかない」。低く鋭い立ち合いから繰り出される突き押しのイメージが、体現できない。

今場所は6日目まで4勝2敗とまずまずの戦績だったが、7～11日目は2勝3敗とペースダウン。この5日間は過去2場所も勝率が悪く、九州場所は1勝4敗。1月の初場所は0勝3敗2休。15日間を安定して戦う心身のスタミナも課題だ。

12日目の里山戦を終えると、前頭11～16枚目の全力士と対戦したことになる。千秋楽まで残り3日間は、西前頭7枚目の魁聖と同じような前頭10枚目以上の力士との連戦が濃厚。白星を挙げるのは楽ではない。

この日の十両で、苦労人の兄弟子、出羽疾風が8勝3敗で勝ち越しを決めた。今場所前、稽古を順調に進めていた御嶽海は、後援組織の激励会のあいさつなどで「部屋を引っ張る気持ちが強くなってきた」と何度も語っていた。有言実行の土俵を周囲は期待している。

11日目

御嶽海 6－5 ● 寄り切り ○ 魁聖 8－3

魁《かい》聖《せい》

番付＝西前頭7枚目
出身＝ブラジル
部屋＝友綱
体格＝194センチ、196キロ
年齢＝29歳
初土俵＝2006年秋
新十両＝10年名古屋
新入幕＝11年5月技量審査
最高位＝前頭筆頭
得意＝右四つ、寄り、押し
先場所＝5勝10敗
【初顔合わせ】

12日目

御嶽海 7−5 ○ 寄り切り ● 里山 6−6

連敗止め7勝目

圧力・スピード…負けない自信

いつも兄弟子の胸を押す朝稽古でこの日、御嶽海は新たなメニューを加えた。仕切りからぶつかった直後、兄弟子に左右どちらかにずれてもらい、その変化に体の軸を保ったまま遅れずに付いていく調整を何度も繰り返した。自身よりも30キロ近く軽量で素早い、里山との初顔合わせをにらんでいた。

巨漢力士に苦手意識を持つ半面、「小さい相手は得意」だ。里山戦は相手の動きをよく見て立つと、やや押し込まれたが、前まわしにかかった相手の腕を払い、突き押しの回転数を上げながら足を運んで前進。流れでもろ差しとなり、そのまま寄り切った。圧力やスピードで負けない自信が取り口ににじんだ。

「中に入られたくはなかった。押し込まれたので納得はいかないが、内容はまあまあ」。白星を7勝まで積み上げ、来場所（5月の夏場所）も幕内で戦うことが濃厚となった。さらに目標の2桁勝利も諦めていないだけに「何も変わらず、しっかり一番一番勝ちたい」と話した。

御嶽海の取組は連日、県内外で多くの人が見守る。例えば、テレビの前で御嶽海の所作に合わせて自分も仕切りの動作をし、気持ちを合わせて勝利を祈る県内ファン。運転中に取組の時間が来ると、路肩に車を止めて車載テレビをつける長野県出身者。御嶽海はそうした応援の存在を知っているし、「ありがたい」と思っている。がっかりさせないために努力を欠かさず、まずは2場所ぶりの勝ち越しを狙う。

里《さと》山《やま》

番付＝東前頭15枚目
出身＝鹿児島県
部屋＝尾上
体格＝176センチ、121キロ
年齢＝34歳
初土俵＝2004年春
新十両＝06年初
新入幕＝07年夏
最高位＝前頭12枚目
得意＝左四つ、下手投げ
先場所＝9勝6敗
【初顔合わせ】

13日目

御嶽海 8－5 ○ 寄り切り ● 妙義龍 10－3

優勝争う妙義龍撃破

価値ある1勝　勝ち越し「自信」

御嶽海は価値ある1勝を挙げた。妙義龍は幕内在位27場所目で、そのうち関脇と小結を12場所も経験した29歳の実力者。平幕になって2場所目の今場所は復調を印象づけ、前日までに10勝2敗。1敗の横綱白鵬を稀勢の里、豪栄道の2大関と並んで追っていた。支度部屋で久しぶりに10人以上の報道陣に囲まれた御嶽海。優勝戦線に絡む妙義龍に土を付けた心境を聞かれても、「自分が（入門2年目で）いっぱいいっぱいなので、そこまでの思いはありません」と淡々としていた。だが、相手は日体大出身で元国体王者のため、「学生相撲出身の先輩に勝てたのが、すごくうれしかった」と強調。東洋大で学生横綱、アマチュア横綱になった誇りと意地が快勝につながった。

立ち合いで突き放さなかった取り口は、作戦だったようだ。「中に入りたいと思った」。右差しを許したものの、自身は左上手を取ると、妙義龍の鋭い出足を利用しながら上手投げに出た。「うまく相手の力を使って、回転できた」と崩して体勢を入れ替え、すかさず前進して寄り切った。

「左を取ったので、冷静でした。相手も予想外の取り口だったと思う」

土俵下では、師匠の出羽海親方が交代制の勝負審判に入っていた。親方は今場所後に日本相撲協会の理事に就任して来場所から審判に入らないため、土俵下から御嶽海を見守るのは最後。目の前で2場所ぶりの勝ち越しを決め、御嶽海は「今場所は（千秋楽で勝ち越した前年の九州場所よりも）早かったし、体が動いていたので少しだけ自信になる。あと2日、一番一番しっかり勝ち、2桁を狙いたい」と意欲を高めた。

御嶽海が寄り切った際、妙義龍が土俵下審判の出羽海親方の横まで転がり、場内は悲鳴とため息が交錯。起き上がった妙義龍に手を差し伸べた御嶽海は、懸賞袋を手に土俵に一礼。師匠の前で勝ち越しを決め、さっそうと花道を引き揚げた

妙《みょう》義《ぎ》龍《りゅう》

番付＝東前頭6枚目
出身＝兵庫県
部屋＝境川
体格＝187センチ、153キロ
年齢＝29歳（日体大出、元国体横綱）
初土俵＝2009年夏
（幕下15枚目格付け出し）
新十両＝10年初
新入幕＝11年九州
新三役＝12年名古屋
最高位＝関脇
得意＝押し
先場所＝8勝7敗
【初顔合わせ】

納得の9勝目

相手理解し変化、幕内自己最多勝利

御嶽海は千代大龍に正面から当たらなかった。立ち合い直後に右に動くと、体勢を崩しながら踏みとどまった千代大龍を突き、押しで追撃。はたこうとする相手に構わず、左を差して前進。よく出る足で押し出した。

立ち合いで変化の動きに出るのは、前年の名古屋場所で御嶽海の将来性を考えた親方衆から注意を受けた"禁じ手"。ただ、この日は明確な狙いがあった。千代大龍の武器は、破壊力のあるかち上げ。御嶽海は幕内での過去2戦とも立ち合いでまともに食らい、敗れていた。

「大龍さんとは3回目の対戦だから、立ち合いでの動きは事前に決めていた」。かち上げを避けた上で自分の相撲で攻め切り、「相手が見えていた。しっかり体が動いているかなと思います」と納得の表情だった。

御嶽海は、部屋付きの山科親方（元小結大錦）に紹介してもらった長野県出身の若おかみがいる都内のすし店に足を運び、千代大龍も同じ店のなじみ客。常連対決を制した御嶽海だが、4歳上の角界の先輩を立てるように「大龍さんには1勝2敗。まだ相手の方がいきつけの店だと言えますね」と冗談めかして話した。

御嶽海のこの日までの3連勝を見ると、相手の特徴を理解した冷静な取り口が光る。12日目は軽量の里山によく見て対応し、13日目には優勝争いに絡んだ妙義龍の出足を利用した。重い相手に押し勝てないのが大きな課題だが、幕内3場所目で対応力は着実に上がっているようだ。

初めて番付を下げて迎えた今場所の目標は2桁勝利。幕内自己最高の9勝目を挙げ、「ここまで来たらあと一番なので2桁いきたい。最後は自分の相撲で勝ちたい」。千秋楽は相手として申し分ないライバルの正代戦だ。

14日目

御嶽海 9−5 ○押し出し● 千代大龍 2−12

千代《ちよ》大龍《たいりゅう》

番付＝西前頭8枚目
出身＝東京都
部屋＝九重
体格＝182センチ、179キロ
年齢＝27歳（日体大出、元国体横綱、学生横綱）
初土俵＝2011年5月技量審査（幕下15枚目格付け出し）
新十両＝12年初
新入幕＝12年夏
新三役＝14年秋
最高位＝小結
得意＝突き、押し
先場所＝8勝7敗
【前回の対戦】
2016初 ●寄り切り
（通算　1勝2敗）

有言実行　見せた土俵

千秋楽
御嶽海 ○ 寄り切り ● 正代
10－5　9－6

宿敵正代に初勝利、意地の10勝

御嶽海が有言実行の土俵を見せた。初めて番付を下げて臨んだ今場所は初日の前から、挽回を印象づける2桁勝利を目標に掲げていた。千秋楽は過去3戦3敗のライバル正代を破っての10勝目。自己最高位で迎える可能性が高い来場所に向け、弾みをつける快勝だった。

正代に頭から当たると、強烈な右かち上げを見舞った。上体が立ったまま相手を受け止めようとする悪い癖がある正代を、さらに起こして横向きにした。素早く右を入れ、左からおっつけて休まずに前進。足もしっかりと運び、相手に何もさせずに寄り切った。

「立ち合いのかち上げは狙っていた。その後も素早くできた」。同じ元学生横綱で1歳上の正代は西前頭12枚目だった先場所で10勝5敗の好成績を挙げ、敢闘賞を獲得。今場所、初めて番付で抜かされた御嶽海はこの日、疲労で右膝に痛みが出ていたものの、初めてテーピングをして土俵に上がり、意地を見せた。

正《しょう》代《だい》

番付＝西前頭6枚目（自己最高位）
出身＝熊本県
部屋＝時津風
体格＝183センチ、159キロ
年齢＝24歳（東農大出、元学生横綱）
初土俵＝2014年春
新十両＝15年秋
新入幕＝16年初
得意＝右四つ、寄り
先場所＝10勝5敗
【前回の対戦】
2016初 ●寄り切り
（通算 1勝3敗）

出羽海親方「突き放して自分の流れをつくるという御嶽海の良さはあまり出なかったが、毎場所そういう相撲で勝てるわけではないし、今場所はそれでも10番勝てた。稽古場で気になった若い力士に声を掛けていたし、今後も生活面を含めて部屋を引っ張ってほしい」

御嶽海「これまでの幕内3場所の中で体も動いていたし、一番良かった。スピードがつき、幕内での戦いに少しずつ慣れている。2桁勝利はうれしく、もっと上のステージで戦いたいという気持ちが湧いている。来場所は平幕中位くらいの番付で、また壁があると思う。自分の相撲を貫いていきたい」

元幕内大鷲・伊藤平さん語る

3年先見据えた稽古必要

御嶽海が2場所ぶりに勝ち越し、幕内で自己最高の2桁勝利を挙げたことは喜ばしい。番付が西前頭13枚目と高くはなかったので、実力通りの勝ち星だったのかもしれないけれど、勝負勘は相変わらず良いなと思った。

ただ、課題は大きい。苦手な巨漢力士には、最初から勝負を諦めているような雰囲気がある。左を差されてもそのまま。右をおっつけて対抗するといった動きがない。左四つになれば簡単に勝てると相手に思われる。

勝った取組も立ち遅れていたり、うまくかわしたりしたなと感じた日が多かった。自分の突き押し相撲でしっかり勝ったのは、里山戦など限られた。これから本場所を重ねれば、相手にいろいろ覚えられ、通じない。

先代の出羽海親方（元関脇鷲羽山）は現役時代、小柄だったが、稽古熱心で押し一本の真っ向勝負。下から中に入り、うまかった。今で言うと、四つ相撲の正代も常に真っ向からいく。あれが若さ。一番一番が経験として積み重なっていく。

御嶽海も3年先を見据えた稽古が必要。鷲羽山さんのように、脇を固めるはずの形をしっかりしておかないと、いつまでも差される。春巡業では、嫌だと思っても巨漢力士に胸を借りてほしい。松本場所や佐久場所ではご当地関取だから、白鵬ら横綱に厳しい稽古をつけられるかもしれない。期待されている証しと理解して臨んでほしい。

「部屋引っ張る」新たな自覚

3月1〜12日に堺市内の部屋宿舎で行われた場所前の稽古。御嶽海はこれまでになかった姿勢を見せていた。「前に出て」「腰を低く」—。幕下以下の力士に積極的に声を掛け、親方衆の技術指導を援助した。「最近は部屋を引っ張っていかないといけない気持ちが強くなってきたから」。新たな心境を口にした。

出羽海部屋の力士数は18人。御嶽海は筆頭ただ一人の幕内力士だが、入門は前年2月で、角界暮らしの日が浅い。兄弟子ばかりの周囲への遠慮もあって、これまで稽古場で声を掛けることはなかった。転機は2月上旬。東京・両国の中華料理店で開かれた師匠の出羽海親方との食事会だった。

御嶽海は学生横綱、アマ横綱に輝いた東洋大時代まで、短期決戦の大会に合わせてピークをつくる調整法だった。角界は本場所（年6度）と巡業を繰り返すため、骨太な地力をつけようと年間を通して稽古を行うが、御嶽海は、このやり方では疲労の蓄積で故障したり、部屋の若手が伸び悩んだりするのではないかという懸念が頭をよぎり、なじみきれずにいた。

御嶽海の思いを知る部屋付きの行司、木村千鷲が「師匠に直接、話を聞いてもらったら」と仲介した。出羽海親方は「先々代（の師匠＝元横綱佐田の山）の時は口もきけなかったが、時代が変わったということかな」と振り返り、上下関係の厳しい角界では異例の対話となったが、「でも、あいつ（御嶽海）が若い力士の将来も気にしてくれていて、うれしかった」と受け止めた。

御嶽海は「師匠に自分の思いや考えを聞いてもらったからには、率先してやらないといけないと思うようになった」と強調した。本場所が始まると、取組などで心身の疲労が蓄積し、朝稽古に姿を見せられずに親方衆を心配させる日もまだ、まれにある。ただ、新たな自覚が幕内で初めての2桁勝利につながり、この先の成長も後押しするはずだ。

ファンら、来場所へ膨らむ期待

春場所千秋楽で、幕内初の2桁勝利を挙げた御嶽海。会場のエディオンアリーナ大阪（大阪市）に駆け付けた後援会関係者らは、番付が上で幕下、十両時代を含め3戦3敗の正代関に勝ったことを喜び、来場所の番付への期待を膨らませた。

後援会長の小島洋一郎さん（68）は「完璧な相撲」。御嶽海と同じ木曽郡上松町出身で、今場所は3日間観戦した和歌山県白浜町の保護司古谷修さん（68）は「上に行くためには正代関に勝たなければと素人ながら思っていた。単なる2桁勝利ではなく、意義のある1勝」と喜んだ。千曲市出身の相撲絵師松林モトキさん（68）も「これからライバルになるであろう正代関を相手に、いい相撲だった」と話した。

出羽海部屋の祝賀会では、御嶽海の千秋楽の取組をスケッチした都内の会社員野村理紗さん（26）が御嶽海に作品を見せてサインをもらった。野村さんは「取組を生で見て、力強さ、躍動感を感じた」と感激していた。

部屋の祝賀会で、会社員野村理紗さんが描いた正代との取組のスケッチを見て「完璧に描けてます」と喜ぶ御嶽海

地元上松町でも、支援者らが喜びの声を上げた。

町内で御嶽海の取組の観戦会を企画しているスポーツクラブ「木曽ひのきっ子ゆうゆうクラブ」理事長の小林治美さん（66）は「目標通りに2桁勝てたのは立派」。今場所2日目の観戦ツアーに参加した元飲食店経営奥田忠夫さん（67）は「正代関が相手で心配していたがほっとした。これからも勝ち越しを狙ってほしい」と期待した。

御嶽海の父、大道春男さん（67）は自宅でテレビ観戦後、取材に「角界入りしてまだ2年目。番付や勝ち星数を気にせず、いろいろ学びながらやってほしい」と話した。

自己最高位で　10勝以上を

4度目の巡業　初めて完全参加も

26年ぶりの大相撲巡業を迎えた佐久市。木曽郡上松町出身の御嶽海は赤紫色に白地で「御嶽」と記された化粧まわしを身に着けて登場。観客からの声援に手を振って応じた

勢との取組が始まると、会場の熱気は最高潮に。御嶽海が豪快に投げて勝負を決め、場内は割れんばかりの拍手に包まれた

大相撲春巡業佐久巡業

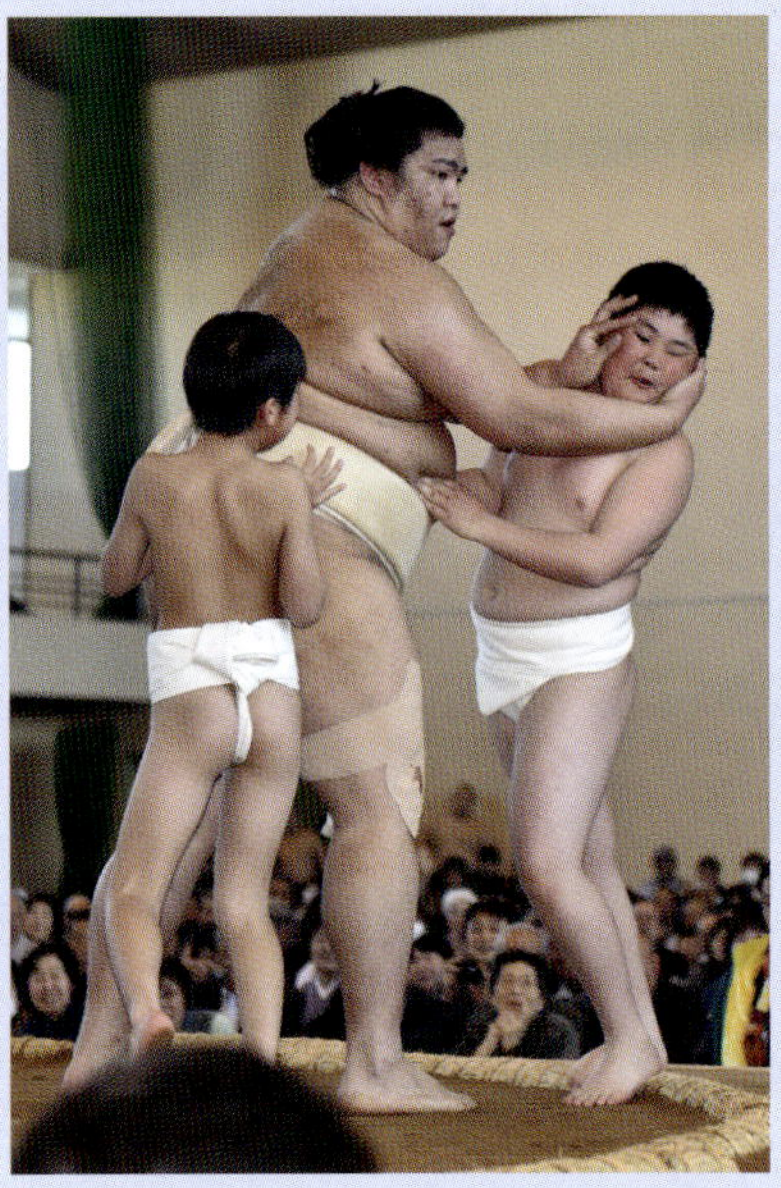

「ちびっ子わんぱく相撲」で御嶽海ら力士4人に挑戦する地元の子供たち。御嶽海に挑んだ岩村田小4年生の神津遼君（9）は「勝ちたいと思って突進したけど、ほっぺをもたれて動くことができなかった。またやりたい」

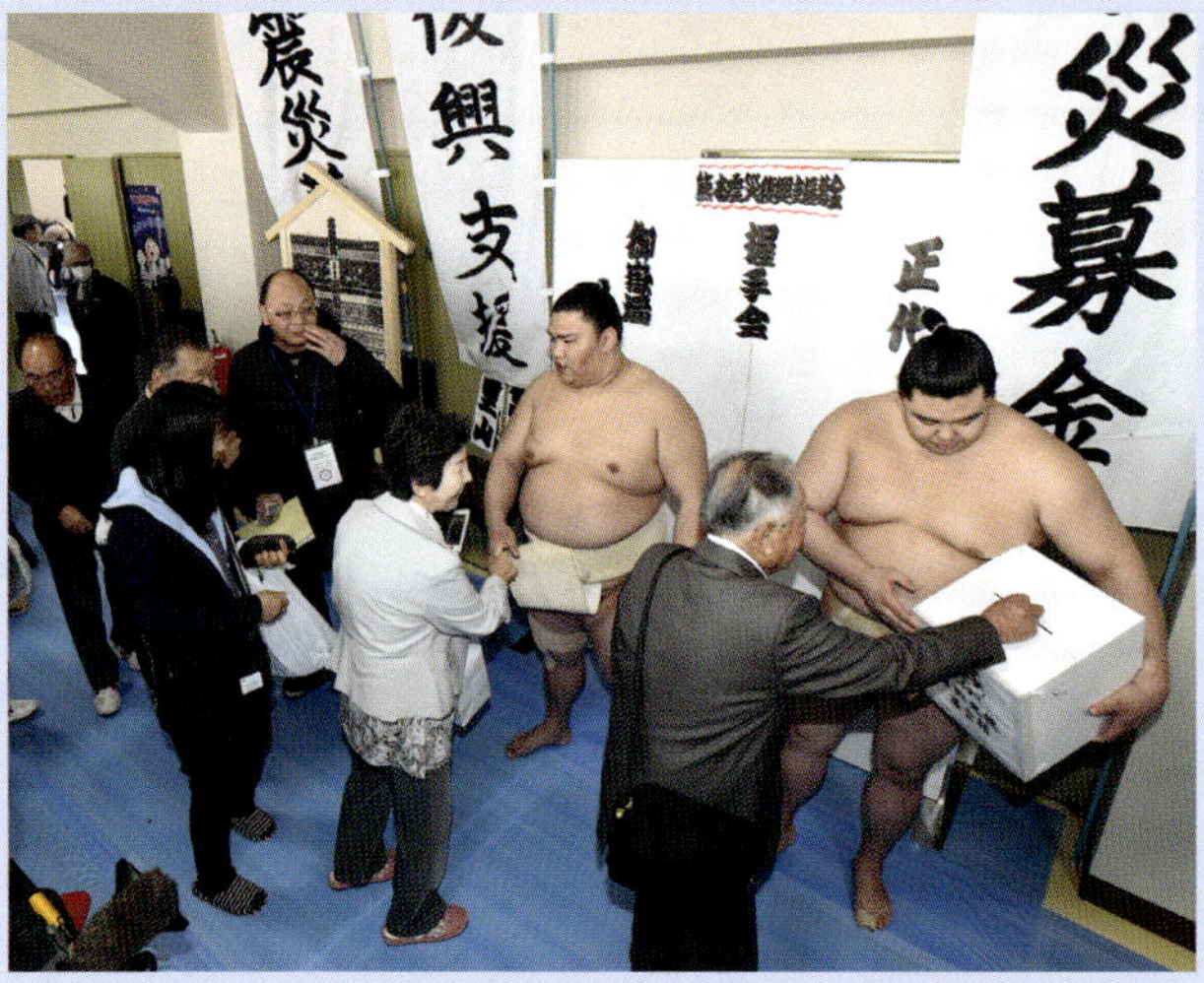

熊本・大分両県で相次ぐ地震被害を受けて、公開稽古の合間に被災地への義援金を呼び掛ける力士たち。御嶽海は熊本県出身の正代とともに募金箱を持って立ち、「よろしくお願いします」

幕内自覚増す　日馬富士と稽古7分半

離脱なく「一番内容濃い」

御嶽海は4月19日、佐久市総合体育館で行われた春巡業佐久場所に参加した。御嶽海は4度目の巡業参加で初めて途中離脱や完全休養することなく日程を終えそうだ。「今回が一番、内容が濃く、得るものが大きかった」と語った。

巡業にはこれまで慎重に臨んでいた。前年の夏巡業は股関節痛、冬巡業は結膜炎を発症した影響で途中帰京。秋巡業は脇腹にできた吹き出物を取り除き、体を動かせない日があった。だが「幕内力士としての自覚が増してきた」と、角界生活に慣れて心身がたくましくなったことで巡業に前向きに臨むようになった。

佐久場所では、横綱日馬富士から、厳しい稽古をつけてもらう「かわいがり」を受けた場面にその変化が見て取れた。

日馬富士の胸に連続でぶつかり、息が上がって押しの圧力が足りずに転がされつつ、土俵の端から端へ16度行き交った。日馬富士に厳しい稽古をつけてもらうのは、前年の秋巡業以来。前回は股関節痛のため途中で打ち切ってもらったが、今回は7分半続いた稽古をやり切った。

日馬富士からの指名はご当地関取だからという理由だけではない。直前の申し合い稽古で大関稀勢の里に敗れた後、痛みを抱える脚をひきずっていると、日馬富士から「いつまで痛がっているんだ。幕内力士なのだから自覚を持ってやれ」と言われたといい、もっと強い気持ちを求められた経緯がある。

ただ、「かわいがり」の後は「横綱は優しかった」。土俵下で四股を踏むように指示され、「『体がきつい時にやった方が力がつくよ』と言われ、足の上げ方も助言してくれた」。バスでの長距離移動が連日あり、巡業は誰もがきつい。それでも土俵に姿を見せ続けていたからこそ目をかけてもらえた。

「巡業中はいろんな関取と話ができ、良い経験になった」。角界は上下関係が厳しい。御嶽海はやるべきことをやって認めてもらいつつ、土俵内外の時間を自分らしく過ごす環境を整えられれば、自分の相撲を取りやすくなると思っている。

25日は自己最高位で迎えることが確実な5月の夏場所の新番付発表日。「今回の県内巡業も地元の期待を感じた。応えられるよう、来場所は2場所連続で10勝したい」

公開稽古で横綱日馬富士（右）の胸を借りる

元幕内大鷲・伊藤平さん語る

自分の相撲、勝って自信を

御嶽海が場所前、食あたりで体調を崩したと聞いた。内臓系がそれほど強くないのか。気掛かりだった。自分は現役時代、体調不良になると、いつも焼き肉を食べれば全快した。御嶽海も何をすれば自分が元気になるのか、それを分かっていると調整しやすいだろう。

先場所で自身初の幕内10勝を挙げた御嶽海は、今場所も2桁勝利を狙う。自分は幕内に在位した計18場所で最高成績の9勝6敗が5度あった。ただ、それぞれ直後の場所で、連続で勝ち越したのは一度だけ。気の緩みや気負い過ぎというよりも運の良い時は相性の良い力士とばかり、悪い時は悪い力士とばかり当たった結果だったと思う。

御嶽海も苦手な巨漢力士とばかり当たることがあるかもしれない。番付表を見て幕内で体重200キロ前後の巨漢は6人いる。そうなれば、まずは半分の3勝を目指してほしい。達成できれば、苦手意識が減っていく。

場所前の稽古で相手の圧力を逃がすように立ち合いで体をずらして当たるような工夫をしているようだが、それで本番に勝てないと自分の相撲に迷いが生じる。武器の突き押しを磨き、不十分な右のおっつけや左の腕の返しを改善してほしい。

2場所連続の10勝以上を目標に掲げる気持ちはとても良い。初日の豊ノ島は、後半戦にかけて尻上がりに調子をあげていくタイプだが、うまさがあるので気をつけたい。2日目の大砂嵐を含めて簡単ではない相手が続くけれど、勝てば勝った分だけ自信になるはずだ。

自己最高位を更新
「西前頭8枚目」

大相撲夏場所の新番付で、自己最高位を更新する「西前頭8枚目」に上がった。「初めての1桁番付。当たったことのない人たちとの対戦で壁があるかもしれないが、感じることや発見があると思うから楽しみ」と意欲を示した（4月25日）

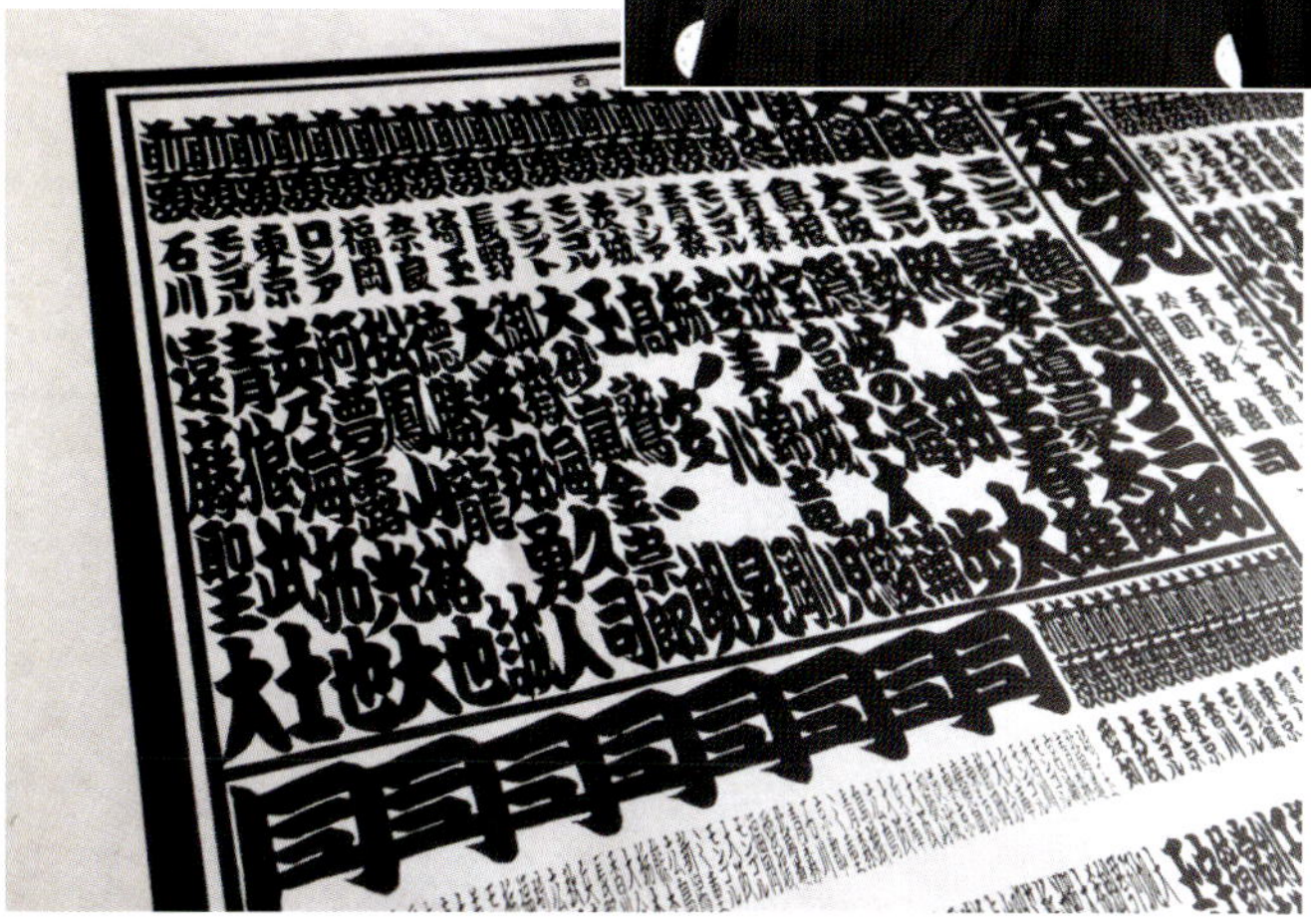

連続2桁白星を狙う夏場所

幕内で初めて10勝を挙げた先場所から2場所連続となる2桁勝利を目指し、朝稽古でゴムを使ったトレーニングをする御嶽海。調整は食あたりの影響などで万全とは言えないものの、相手の特長に対応した取り口で「勝ちに貪欲にいきたい」（5月6日）

豊ノ島とあたる初日を前に

朝稽古で黙々と四股を踏む御嶽海。春日野部屋との連合稽古で痛めた腰は戦える状態まで回復。初日前日は、国技館近くの出羽海部屋で元十両の出羽凰の胸を25度ほど押して仕上げた（5月7日）

押し出し快勝

初日
御嶽海 1－0 ○押し出し● 豊ノ島 0－1

上のレベルでも落ち着いて

御嶽海が初日から快勝した。相手は三賞獲得10度を誇り、先場所で関脇を務めた実力者の32歳豊ノ島。場所前の御嶽海は食あたりで体重が10キロ落ち、5日間行われた春日野部屋との連合稽古も急性の腰痛で3日間で切り上げたが、嫌な空気を断ち切る落ち着いた取り口だった。

負けパターンの左四つに持ち込まれないように右脇をしっかり締め、頭から低く当たった。自身よりも10キロほど重い相手に圧力をかけると、右喉輪で上体をのけぞらし、さらに左喉輪も交えて休まず押し出した。「右が効いたと思う。うまい相手に、うまく勝てた」と振り返った。

1月の初場所での西前頭10枚目を上回り、初めて前頭1桁台に番付を上げた今場所。わずかな隙も黒星につながるという緊張感から「戦いのレベルがワンランク上がり、違う雰囲気がある」。だが「それは自分をワクワクさせてくれる」と、重ねた経験が前向きな思考につながっている。

8日は母の日。母マルガリータさん(46)は7日まで都内に数日間滞在していたといい、「会えてリラックスできた。勝って、少し恩返しができた」。順調とは言えなかった場所前を乗り越えての白星発進に「良いこと。これからしっかり星を伸ばしたい」。本番の強さに自負がある御嶽海の、4場所目の幕内15日間が始まった。

「母の日」の白星発進に大喜びする母親の大道マルガリータさん（前列右から2人目）ら

豊《とよ》ノ島《しま》

番付＝東前頭7枚目
出身＝高知県
部屋＝時津風
体格＝174センチ、158キロ
年齢＝32歳
初土俵＝2002年初
新十両＝04年夏
新入幕＝04年秋
新三役＝07年夏
最高位＝関脇
得意＝左四つ、下手投
先場所＝3勝12敗
【初顔合わせ】

2日目

御嶽海 2－0 ○ 送り出し ● 大砂嵐 1－1

立ち合い変化、親方衆は辛口コメント

立ち合いで左への変化を選択した御嶽海は「準備運動の段階から、決めていた」。アフリカ大陸出身で初の力士となった大砂嵐は取り口が粗いとの評がある一方、圧倒的なパワーを誇る。身長で12センチ低い178センチの御嶽海は破壊力十分のかち上げで体を起こされ、圧力をそがれると予測。「今の自分の実力では対応できない」と考えた。

作戦は予想した以上にはまった。「変化から本来は左からいなして崩し、自分の突き押し相撲に持ち込めれば良いと思った」と御嶽海。突進をかわされた大砂嵐が体勢を立て直すのに遅れたため、御嶽海は横から左で出し投げを放ち、背後へ回り込んで送り出した。

場所前、自己最高位の番付で2場所連続の2桁勝利を狙う御嶽海は、食あたりで万全な調整ができなかったこともあり、「相手の特長や状態を見て、勝ちに貪欲にいきたい」と話していた。この日の取り口はその考えに沿ったものだ。

ただ、指導する親方衆は、将来を考え、注文相撲で得た白星を手放しで喜んでいなかった。

師匠の出羽海親方は「きのうは（先場所関脇の豊ノ島に）良い突き押し相撲で勝ったのに…。今日あんな相撲で勝っても、白星がかさんだだけで、実にならない」。部屋付きの中立親方（元小結小城錦）と、連合稽古を行う同じ一門の春日野部屋の春日野親方（元関脇栃乃和歌）はテレビ中継で解説者を務めていた。2人とも出羽海親方と同じ趣旨のコメントだった。

「親方衆は辛口コメントだと思います。仕方ないです。明日の朝稽古で怒られると思います」と御嶽海。自分が求める結果を手にしつつも、突き押し相撲のレベルを一日も早く上げるしかない。

大砂嵐《おおすなあらし》

番付＝西前頭7枚目
出身＝エジプト
部屋＝大嶽
体格＝190センチ、153キロ
年齢＝24歳
初土俵＝2012年春
新十両＝13年名古屋
新入幕＝13年九州
最高位＝前頭筆頭
得意＝突き、押し
先場所＝13勝2敗
【初顔合わせ】

注文相撲 2連勝

3日目

御嶽海 2−1 ●寄り切り○ 蒼国来 1−2

粘り及ばず初黒星

蒼国来戦　苦手の四つ相撲

御嶽海は1分近い相撲で粘り、満員御礼の館内を沸かせた。ただ、四つ相撲も、スタミナの要る長い相撲も得意ではない。ベテランの蒼国来に及ばず、今場所初黒星を喫した。「四つ相撲だと強い相手。疲れます。ああいう相撲は取りたくなかった」と振り返った。

立ち合い。体を起こそうとする蒼国来のかち上げに耐え、突き押しで攻勢に出た。そのまま懐に入って体を預けるように前に出ようと探ったが、「自分が胸を合わせるのが遅く、相手との空間ができた」。その隙に右腕を抱えられ、苦しくなった。強引に前に出ても腰高で寄り切れず、振り回されるうちに力尽きた。

蒼国来は八百長問題で受けた解雇処分が裁判で無効となり、約2年間のブランクを経て2013年に復帰した。経験豊富な32歳は3度目の対戦となった御嶽海に対し、「予想外だった」(御嶽海)というかち上げで攻めてきた。御嶽海は「少し対応できたことは良かった」と話した。

もし勝っていたら春場所12日目からの連勝が7に伸び、これまで6だった幕内連勝の自己最高を更新していた。「幕内は甘くない。長く連勝していくのは難しい」。仕切り直しの4日目に向け、「いつも通りやりたい。四つに組ませないように相手を突き押しではじきたい」と前を向いた。

蒼国来《そうこくらい》

番付＝東前頭9枚目
出身＝中国
部屋＝荒汐
体格＝185センチ、140キロ
年齢＝32歳
初土俵＝2003年秋
新十両＝10年初
新入幕＝10年秋
最高位＝前頭4枚目
得意＝右四つ、寄り、投げ
先場所＝5勝8敗2休
【前回の対戦】
2016九州　●つり出し
(通算　1勝2敗)

4日目

御嶽海 3－1 ○押し出し● 徳勝龍 2－2

30キロ以上重い徳勝龍を圧倒

御嶽海が会心の内容で徳勝龍を圧倒した。体重で30キロ以上も上回る180キロの相手。苦手な四つに組まれないように脇を締めて頭から当たり、足を運んで徳勝龍を常に自分の正面で捉えた。圧力をかけて休まず前進。何もさせずに押し出した。

「良い立ち合いができた。自分の流れだった」。敏しょう性を生かして相手を追い、圧力を効率的に伝えられるのは「一番得意な形ですから」と冗舌だった。

徳勝龍に土俵で初めて相対し、左四つで完敗した先場所。敗因は立ち合いのタイミングを狂わされたため。御嶽海にとって、徳勝龍の両手は前ではなく、後ろ寄りでつき、つき方も浅かったように見えた。ただ、この日の手は前につかれ、御嶽海は「よく見えた」と、合わせることができた。

今場所は審判部が立ち合いで両手をきちんとつくことを徹底させており、できていないと土俵下から仕切り直しを命じる取組が目立っている事情も関係しているとみられる。一方の御嶽海は以前から、相手よりも先に手をつき、じっと構える正攻法の立ち合いを貫く。

朝稽古では、高知・明徳義塾高で徳勝龍の1学年上だった元十両の出羽鳳に胸を出してもらい、四つ相撲封じのため、おっつけの動きを確認した。全てがかみ合っての3勝目に「番付が前頭1桁なのでいつ連敗するか分からない緊張感はあるけれど、白星が先行しているので、うれしい」。表情明るく、国技館を後にした。

3勝目を挙げ、相撲ファンに肩を叩かれながら花道を引き揚げる御嶽海

徳勝龍《とくしょうりゅう》

番付＝西前頭10枚目
出身＝奈良県
部屋＝木瀬
体格＝180センチ、180キロ
年齢＝29歳（近大出）
初土俵＝2009年初
新十両＝11年九州
新入幕＝13年名古屋
最高位＝前頭4枚目
得意＝突き、押し
先場所＝8勝7敗
【前回の対戦】
2016春 ●寄り切り
（通算 1勝2敗（不戦敗1））

会心の押し出し

5日目

御嶽海 3－2 ●突き落とし○ 高安 4－1

押し切れず惜敗

高安に左四つ、俵伝いに崩される

御嶽海は「悔しいっすね」と顔をしかめた。立ち合いで得意ではない左四つに組んだものの、体勢を低くして右からおっつけ、上体の起きた高安に体を寄せて前進。土俵際まで押し込んだが「最後、左のはず押しが伸びなかった」。俵伝いに右へ回り込んだ高安に頭を押さえ付けられ、体勢が崩れて突き落とされた。

母親がフィリピン出身という共通点がある高安との対戦は3度目。武器の突き押しを前面に出さなかった立ち合いは「張り手が来ると予想して、顔をずらしたから」。胸を合わせて突進しようと考えていたため出足は鈍らず、自身よりも一回り大きい高安に押し込まれなかった。

「仕切りで塩をまく時、土俵下に（部屋後援組織）東京出羽海会の会長さんたちの姿が見えた。勝とうと思ったんですけれど…」。夜に近くのホテルで同会の会合が開かれ、御嶽海も出席することになっていた。「応援に対し、もっと結果で応えられるようにならなければいけない」と自戒した。

取組後の支度部屋で、場所前に襲われた食あたりの原因は「豚肉だったと思う」と明かした。知人と行った飲食店で焼き肉を競うように食べて、加熱不足だったのでは—と振り返った。

万全な調整はできなかったが、5日目を終えて3勝2敗。「体調は良い。前に出られているし、（一時は10キロ減った）体重も戻ってきていると思う」と話した。

高《たか》安《やす》

番付＝西前頭5枚目
出身＝茨城県
部屋＝田子ノ浦
体格＝186センチ、168キロ
年齢＝26歳
初土俵＝2005年春
新十両＝10年九州
新入幕＝11年名古屋
新三役＝13年秋
最高位＝小結
得意＝突き、押し
先場所＝5勝10敗
【前回の対戦】
2016初　●寄り切り
（通算　1勝2敗）

「下から」貫き4勝目

20キロ余重い千代鳳の攻めに耐え

6日目
御嶽海 4－2 ○下手投げ● **千代鳳** 3－3

御嶽海は下から攻め続けた。自身よりも20キロ余り重い千代鳳に対し、立ち合いから「良いおっつけが入った」と体を起こすと、突き押しで前進。一度はたいてから再び押し上げ、「うまく2本入った」ともろ差しに。体が浮いた千代鳳が苦し紛れに首投げに打って出たものの、御嶽海は耐え、深く差し込んだ右からの下手投げで仕留めた。

2度目で成立した立ち合いだった。1回目も同じように下から攻めようとしたが、千代鳳の手つきが不十分だった。「自分の手を読まれたと思った」と御嶽海。同じ23歳の千代鳳とは5度目の対戦となったが、戦法は変えなかった。

体勢の低さが持ち味の千代鳳を起こすのは「大変」。だが、場所前の連合稽古で自身より40キロ近く重い碧山と稽古し、「経験が押しの圧力に生きている」。

再び白星を二つ先行させ、「今場所は相手の懐にもぐれているし、反応もできている」と言い切る。食あたりで調整遅れだった場所前は力みが圧力不足を生み、部屋付きの中立親方（元小結小城錦）から注意されていたが、本場所の土俵でその姿もない。

「親方の指導もあるし、幕内4場所目で慣れてきたから」。目標に掲げる2場所連続の2桁勝利に突き進む。

千《ち》代《よ》鳳《おおとり》

番付＝東前頭11枚目
出身＝鹿児島県
部屋＝九重
体格＝178センチ、175キロ
年齢＝23歳
初土俵＝2008年夏
新十両＝12年春
新入幕＝13年夏
新三役＝14年夏
最高位＝小結
得意＝突き、押し
先場所＝8勝7敗
【前回の対戦】
2016春 ○肩透かし
（通算 3勝2敗）

7日目

御嶽海 5－2 ○押し出し● 豪風 3－4

立ち遅れを挽回、下半身に安定感

御嶽海は立ち遅れた。普段通り先に手をついて待っていたが、元関脇の36歳豪風の手つきが浅めで素早く、反応が遅れた。ただ、「何かしてくるとは予想していた」と動じなかった。突き起こされたが、踏ん張っていなしにも付いていった。

豪風が引きの攻め手に転じたことは、体勢を立て直す機会につながった。「相手がよく見えていた。あとは手が伸びるかどうかだけだった」。下半身の安定感を生かし、武器の突き押しで攻めて勝負を決めた。

2桁勝利を狙う今場所は7日目を終えて、5勝2敗と好調。1月に同じ両国国技館で開かれた初場所で初めて負け越しを経験した。御嶽海は今場所、観客の声援が以前よりも小さく感じた日もあったというが、白星を積み重ね、声援は再び大きくなってきた。

今場所は、東前頭2枚目まで番付を上げて横綱、大関に初挑戦したライバル正代のほか、新十両で自分と同じ23歳の宇良、19歳の佐藤が注目を集める。御嶽海がスピード出世で名を上げた前年のように脚光を浴びることができるかどうかは、15日の中日以降の取組に懸かる。

15日は先場所まで6場所にわたって関脇、小結を務めた栃煌山に初挑戦する。これまでの連合稽古では歯が立たなかったものの、圧力を肌で感じてきた中で攻略のイメージができているのか、「見ていてください」と全くひるんでいない。

豪《たけ》風《かぜ》

番付＝東前頭12枚目
出身＝秋田県
部屋＝尾車
体格＝171センチ、150キロ
年齢＝36歳（中大出、元学生横綱）
初土俵＝2002年夏
（幕下15枚目格付け出し）
新十両＝02年秋
新入幕＝03年春
新三役＝08年春
最高位＝関脇
得意＝突き、押し
先場所＝5勝10敗
【前回の対戦】
2015九州　○突出し
（通算　2勝）

突き押しで勝負決める

充実、素早い攻め

立ち合い後、2本差して寄り切り――動きに自信

8日目

御嶽海 6－2 ○ 寄り切り ● 栃煌山 6－2

2015年10月。九州場所を控えた福岡県内の出羽海部屋宿舎で、新入幕の御嶽海は関脇栃煌山と同じ相手と何番も取る「三番稽古」を初めて行った。立ち合いの圧力は歯が立たず、21番で17敗。ただ、諦めずに取って4勝を挙げた。その攻め手は2本差した上での素早い寄り切り。本場所での初顔合わせとなったこの日、当時の経験が反映されているように見えた。

頭で当たった立ち合いは「圧力が違った」。やはり押し込めなかったが、骨盤の前傾角度を保った低い姿勢から、腕2本を何とかねじ込もうと奮闘。深く入った左から2本差すと、栃煌山の重心が一気に浮いた。御嶽海は右まわしにも手を掛けて有利な体勢になり、休まずに寄り切った。

栃煌山には、前年10月以降も出稽古などで胸を借りており、「相手の取り方は分かっていた。うまく2本が入ったし、入って良かった」。栃煌山は先場所まで関脇と小結の在位23場所の実績がある29歳。御嶽海は「本番で勝てて自信になった。立ち合いの後の動きは自信になった」と話した。

栃煌山が所属する同じ一門の春日野部屋は、国技館近くにある出羽海部屋から徒歩で数分の距離にある。出羽海親方が春日野親方（元関脇栃乃和歌）と親交が厚く、今場所前も連合稽古を行った。16日には、御嶽海は春日野部屋の栃ノ心に挑む。

「体調は良いし、精神的にも、肉体的にも充実している。少しでも番付を上げて、次の名古屋場所に入りたい」。立ち合いの圧力ではやはり分が悪い御嶽海は、今度はどんな攻略法を描くのか。

栃煌山《とちおうざん》

番付＝東前頭5枚目
出身＝高知県
部屋＝春日野
体格＝189センチ、159キロ
年齢＝29歳
初土俵＝2005年初
新十両＝06年秋
新入幕＝07年春
新三役＝09年夏
最高位＝関脇
得意＝右四つ、寄り
先場所＝4勝11敗
【初顔合わせ】

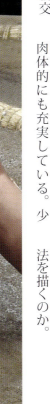

9日目

御嶽海 7－2 ○押し倒し● 栃ノ心 6－3

ひるまず7勝目

先輩力士を2日連続破る

御嶽海は連合稽古で胸を借りている春日野部屋の先輩力士に2日連続で挑戦。前日の栃煌山に続き、三役経験がある栃ノ心も破った。栃煌山には稽古での経験を反映した四つ相撲で勝ち、この日は栃ノ心を持ち味の突き押しの圧力を加えた上で押し倒した。「自信になります」と強調した。

仕切りの段階から栃ノ心に眼光鋭くにらまれ、立ち合い後も張り手やかち上げを食らった。ただ、「朝の稽古場でその日の対戦相手を想像して稽古しているので」と全くひるまない。ここから本来は四つ相撲の栃ノ心が「突っ張ってきたから、下から押すことができた」と御嶽海。体を丸めて突き押しを見舞い、バランスを崩した栃ノ心を追撃。突き落とし気味に押し倒し、快勝した。

「自分は押し相撲なので逃げないようにしようと思った。最後はタイミング良く、崩れてくれた」。栃ノ心は2015年2月の御嶽海の入門日に出羽海部屋に胸を出しに訪れ、股関節に故障を抱えていた同10月の秋巡業松本場所でも体の状態に合わせて胸を出してくれた。「いつも胸を借りているので」と感謝するが、勝負は別物だ。

ただ、連合稽古では手の内を知られることや故障を恐れてか、突き押しを前面に出さず、栃煌山にも栃ノ心にも圧倒される。将来を見据え、骨太な成長を求める親方衆から、苦言を呈されるのも珍しくない。2人との初対戦を制したことで、今後の稽古は一段と厳しいものになりそうだ。

9日目で7勝目を手にし、10日目はこれまでで最も早い勝ち越しが懸かる。相手は人気力士の遠藤。「明日の取組もまた楽しみ」と意気込んだ。

栃《とち》ノ心《しん》

番付＝西前頭4枚目
出身＝ジョージア
部屋＝春日野
体格＝190センチ、168キロ
年齢＝28歳
初土俵＝2006年春
新十両＝08年初
新入幕＝08年夏
新三役＝10年名古屋
最高位＝小結
得意＝右四つ、上手投げ
先場所＝6勝9敗
【初顔合わせ】

10日目

御嶽海 7－3 ●寄り切り○ 遠藤 7－3

立ち合い迷い、遠藤に組み止められる

御嶽海は迷っていた。遠藤との立ち合い。「相手が（得意の）左四つか、ぶちかましのどちらで攻めてくるのか…」。今場所は相手の特長に応じた攻めで順調に白星を重ねてきた。だからこそ考えたのだが、生命線の立ち合いのタイミングを迷いが狂わせた。踏み込みが浅く、押されて前に出られない御嶽海。上体が起きたまま繰り出す突き押しは脇が甘く、遠藤に左四つで組み止められ、上手も許した。「ああなったら、勝機はない」。自身もまわしを取って抵抗を試みたが、初場所に比べて体重が6キロ増えた遠藤の腰は重く、最後は上手を切られて寄りに屈した。

「自分のミス」。現行制度で3人しかいない幕下10枚目格付け出しデビューした2人の初顔合わせは1月の初場所。そこでは御嶽海が迷わず豪快に押し倒していただけに、2戦目での落ち度を悔やんだ。

横綱日馬富士、鶴竜と並ぶ2敗と健闘していたが、3敗に後退。ただ、ここまでの良い流れには「関係ない」と言い切る。既に7勝を挙げ、勝ち越しまであと1勝。新入幕だった前年の九州場所は千秋楽で、初の幕内10勝を挙げた先場所は13日目で決めていたが、今場所は18日の11日目で決めても幕内自己最速だ。

連敗せず、再び良い流れを加速させられるか。幕内4場所目は、終盤戦の残り5日間に入る。

勝ち越しお預け

遠藤「いい流れで勝ち切れてよかった」（再入幕の場所で勝ち越しまであと1勝となり）「きょうはきょうでよかったが、一日一番しっかり切り替えて自分の相撲を取りたい」

遠《えん》藤《どう》

番付＝西前頭15枚目
出身＝石川県
部屋＝追手風
体格＝183センチ、153キロ
年齢＝25歳（日大出、元アマチュア横綱、国体横綱）
初土俵＝2013年春（幕下10枚目格付け出し）
新十両＝13年名古屋
新入幕＝13年秋
最高位＝前頭筆頭
得意＝突っ張り、左四つ、寄り
先場所＝11勝4敗
【前回の対戦】
2016初 ●押し倒し
（通算 1勝1敗）

11日目

御嶽海 8－3 ○寄り切り● 貴ノ岩 5－6

狙って決めた勝ち越し、自信

2場所連続2桁勝利を狙う御嶽海にとって、勝ち越しはあくまで通過点。ただ、幕内自己最速の11日目に決められれば、残り4日間に良い流れで臨むことができる。だからこそ「今日で決めたいという意識があった」と勝利に貪欲だった。

「立ち合いが合わず、左で相手のまわしを取って我慢した」という苦手な四つ相撲の展開。自身が左上手、貴ノ岩が右下手を取って互いに半身になったまま、時間が経過。「根負けしないようにした。上手が良いところを取れたから、相手が出にくいように組んでいた」と振り返る。

勝負は立ち合いから約1分40秒で決着した。御嶽海は左足で相手の右足を払うと、すかさず右を差し、腰を落として寄り切り。「足をかけるのはいつやろうかなと思っていた。焦ることなく冷静に行けた。自分の（突き押し）相撲じゃない内容で勝ち越しが決まった悔いはあるが、粘れば勝機があるものだなと思った」と手応えを得た。

粘り抜いて白星

相手の特長や攻め手を考えた対応力が光る今場所。8勝のうち5勝は自身よりも番付が上で、最近まで三役や前頭筆頭を務めた実力者らから挙げた。「上の人たちに勝てて、自信になる場所」。内容が充実しているため、今場所はさらなる快進撃によって初の三賞受賞、来場所は横綱大関ら幕内上位と当たる番付まで上がってほしいという期待を周囲からかけられ始めている。

「幕内上位ともいずれやらないといけない。2桁勝ち、そこに挑戦していきたい」。本人も、その期待を意気に感じている。

御嶽海（幕内4場所目で2場所連続3度目、11日目で自己最速の勝ち越しを決め）「自己最高位での勝ち越しだからうれしい。残り4日間、2場所連続の2桁勝利を目指して自分の相撲を取っていきたい」

御嶽海が勝ち越しを決めた一番。東京・両国国技館の最上段の客席から木曽郡木曽町日義小、北佐久郡御代田町御代田南小など県内から修学旅行で観戦に訪れた100人以上の子どもたちが大声援を送った。取組で動きが止まると、「みたけうみー」と声を合わせて後押し。勝利すると、立ち上がって喜んだ

貴《たか》ノ岩《いわ》

番付＝東前頭6枚目（自己最高位）
出身＝モンゴル
部屋＝貴乃花
体格＝181センチ、148キロ
年齢＝26歳
初土俵＝2009年初
新十両＝12年名古屋
新入幕＝14年初
得意＝右四つ、寄り、投げ
先場所＝8勝7敗
【前回の対戦】
2015秋　○はたき込み
（通算　2勝）

集中切れ完敗

12日目

御嶽海 8－4 ● 寄り切り ○ 松鳳山 8－4

仕切り直しで作戦ふいに

今春から日本相撲協会が新体制になり、審判部も顔ぶれが変わった。今場所は立ち合い時の手つきを徹底させ、仕切り直しが目立っている。普段から相手よりも先に手をついて待っている御嶽海はこの日、攻略の手応えのあった松鳳山との1回目の立ち合いが仕切り直しとなった。2回目は「集中力が切れた」と動きに精彩を欠いて完敗。9勝目はお預けになった。

十両、幕内で計2戦2敗と分が悪い松鳳山からは、いつも立ち合いで右張り手を受けていた。他の力士からも張り手で揺さぶられることが多いため、部屋付きの中立親方（元小結小城錦）から、張り手が出てくる方にあえて顔を寄せ、張り手の振り幅を小さくさせることで威力を削ぐ工夫を選択肢として助言された。

御嶽海は1回目の立ち合いで助言を実践。右張り手を受けながら、松鳳山の防御が甘い左脇への攻めが効いた感覚があった。だが、審判長の友綱親方（元関脇魁輝）から仕切り直しを命じられた。「厳しい審判長だから、覚悟はしていたが…。立ち合いは合っていると思ったし、1回目ならそのまま攻めていけたのに」と振り返った。

2回目は松鳳山が右張り手をやめ、両脇をしっかり固めて当たってきた。踏み込みの浅い御嶽海は突き押しを浴びて脇が甘くなり、左四つで右上手を許した。胸が合って引きつけられると腰も伸び、なすすべなく寄り切られた。「気持ちを切り替えられなかった。いろいろ考えてしまい、駄目でした」と反省した。

松鳳山《しょうほうざん》

番付＝西前頭11枚目
出身＝福岡県
部屋＝二所ノ関
体格＝177センチ、138キロ
年齢＝32歳（駒大出）
初土俵＝2006年春
新十両＝10年夏
新入幕＝11年九州
新三役＝13年初
最高位＝小結
得意＝突き、押し
先場所＝4勝11敗
【前回の対戦】
2016九州　●上手投げ
（通算　3敗）

背面に「御」「嶽」、正面に「海」と入ったあずき色の「染め抜き」（夏用の絹製着物）姿で場所入り。幕内力士だけに許される夏の装いで、両国の夏の風物詩

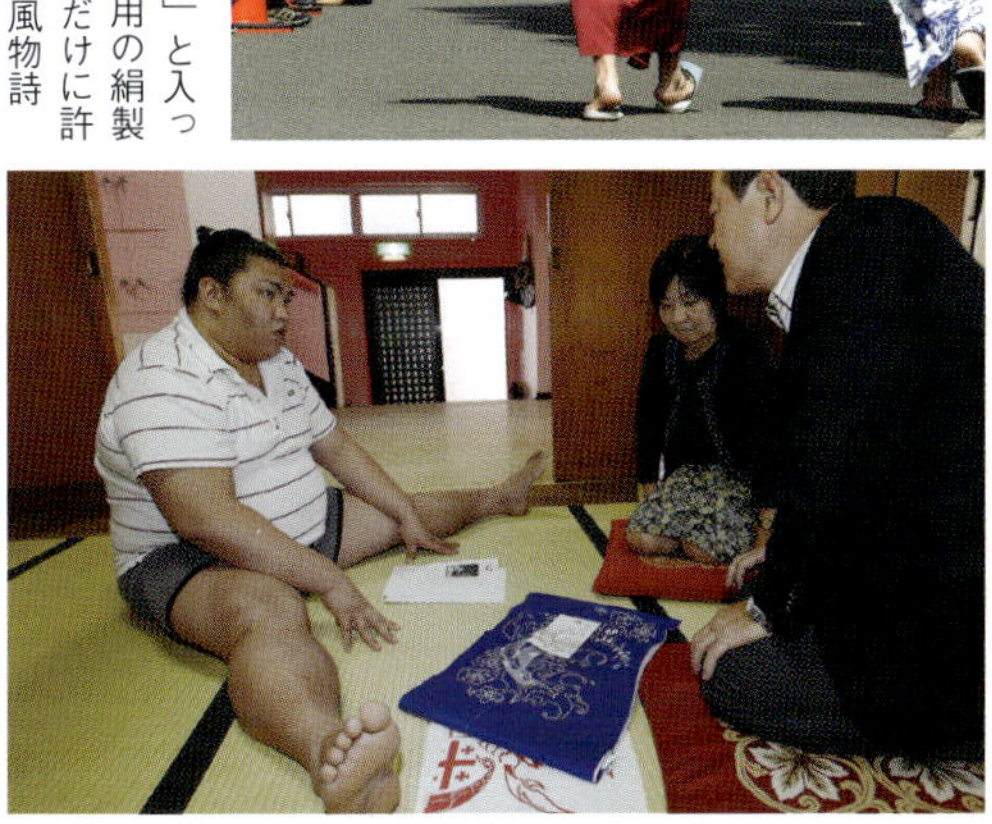

この日は朝の部屋稽古を終え、都内の呉服店と浴衣生地のデザインを打ち合わせ。御嶽海は「着物の色や生地、デザインを選んだり、作った着物を着たりするのは、予想以上に楽しい。風格を高めてくれるし、お相撲さんになった実感がある」

2場所連続の2桁勝利まであと1つ

御嶽海は立ち合いの踏み込みを重視した。前日までの3日間は疲れもあって生命線の踏み込みが浅く、1勝2敗とペースダウン。対戦相手で新入幕の錦木は立ち合いの圧力不足から黒星が先行していたため、そこが鍵になるとにらんだ。

「自分が少し早かった」と1回目は珍しく突っかけたが、2回目も素早いテンポで立った。左足で大きく踏み込んで頭から低く当たると、錦木の上体を起こしてもろ差しで突進。錦木の小手投げにも出足を緩めず、「体が反応してくれた」と右下手も引く万全な体勢をつくって寄り切った。

「踏み込みはきちんとできたと思う」。今場所は一度も連敗をせず、これで9勝目。「負けても次の日はしっかり切り替えられているから」。目標に掲げる2場所連続の2桁勝利まであと1勝に迫り、「2桁は目標だったので、明日も勝ちたい」と気を引き締めた。

14日目の相手は、苦手意識がにじむ巨漢力士の臥牙丸。先場所からの成長をどう見せるか。残り2日間の結果は来場所どこまで番付を上げられるかに大きく影響する。

錦《にしき》木《ぎ》

番付=東前頭14枚目（自己最高位）
出身=岩手県
部屋=伊勢ノ海
体格=186センチ、167キロ
年齢=25歳
初土俵=2006年春
新十両=15年夏
新入幕=16年夏
得意=押し
先場所=10勝5敗
【前回の対戦】
2015名古屋　○上手出し投げ
（通算　2勝）

踏み込み上等、9勝目

13日目
御嶽海 9－4 ○寄り切り● **錦木** 5－8

10勝、巨漢力士なんの

取り口工夫、相撲勘もさえる

臥牙丸との対戦が決まった前日、御嶽海は強い意気込みを見せた。「今場所はそのためにやってきたんで」。先場所は自分より大柄で200キロ前後の体重がある巨漢力士の臥牙丸、魁聖、逸ノ城に立て続けに完敗。臥牙丸には3連敗となった。巨漢力士とは、学生時代に対戦経験が少ないことを苦手な理由に挙げた。

先場所から2カ月がたったこの日の土俵。立ち合いは「相手の圧力を減らすために」、顔半分ほど左にずれて当たった。踏み込みは上体が浮かないようにと1歩だけにとどめ、腰を低く据えて臥牙丸をもろ差しで受け止めた。両腕が深く入り過ぎてきめられることを防ごうと、折り曲げた両肘に目いっぱいの力を込めた。

臥牙丸の寄りを俵に両足を掛けて残すと、真骨頂の相撲勘の良さを発揮した。「相手が（自分の両腕を抱えたまま）振ってくれたし、それにうまく体が反応した」。左へ動きながら右の差し手を瞬時に抜き、続く肩透かしで土俵にはわせた。

今場所意識する「相手の特長や攻めに応じた取り口」を巨漢力士にも見せ、10勝目。自己最高位での2場所連続2桁勝利に「うれしいし、自信になります」と強調した。

次の名古屋場所は、ライバル正代（東前頭2枚目）の今場所のように、横綱、大関と総当たりする番付まで上がることが濃厚。支度部屋で心境を問われ、「胸を借りるつもりで当たりたい」と話した。

千秋楽の相手は、東洋大時代に何度も対戦している大翔丸。「もう一番、自分の相撲を取りたい」。優勝者が決まった夏場所千秋楽を、自己最多の幕内11勝目を狙って盛り上げる。

14日目

御嶽海 10−4 ○ 肩透かし ● **臥牙丸** 6−8

臥《が》牙《が》丸《まる》

番付＝東前頭15枚目
出身＝ジョージア
部屋＝木瀬
体格＝187センチ、199キロ
年齢＝29歳
初土俵＝2005年九州
新十両＝09年九州
新入幕＝10年名古屋
新三役＝12年春
最高位＝小結
得意＝押し
先場所＝5勝10敗
【前回の対戦】
2016春 ●押し出し
（通算 1勝3敗）

輝き増す強さ　攻め多彩に

県出身力士65年ぶり三賞

御嶽海が幕内4場所目を11勝4敗で終え、これまでの最高成績だった先場所（3月の春場所）の10勝5敗を上回った。自己最高位の番付での好成績を受けて敢闘賞に選出され、初の三賞獲得を果たした。幕内で輝き出した23歳の御嶽海は「うれしいし、自己最高位での11勝は、来場所に向けて大きな自信になる」と話した。

勝利を最優先。武器の突き押しだけでなく、相手に効く場合は四つ相撲の攻め手を選んだ。11勝のうち、決まり手は押し出しと押し倒しが4勝、寄り切りも5勝。先場所関脇の豊ノ島は喉輪攻めで押し出し、三役在位計23場所の栃煌山はもろ差しから寄り切った。苦手な巨漢力士の臥牙丸にはもろ差しからの肩透かしで初勝利。抜群の相撲勘と俊敏さも光った。

新入幕だった前年の九州場所は8勝7敗止まり。今年の初場所はインフルエンザによる途中休場もあって初めて負け越した。十両時代までと違って立ち合いの圧力で相手を上回れず、リズムをつかめなかった。その後、相手に合わせて攻め手を考える姿勢を強めた。そのすべは、トーナメント方式で1日に何試合もこなすため効率的な勝ち上がりが求められる学生時代の経験から、心得ていた。御嶽海は胸を合わせる本場所や巡業、出稽古で攻略のイメージをつかみ、次に反映させた。

御嶽海と同じ幕下10枚目格付け出しデビューからのスピード出世で注目された遠藤も、初めて負け越したのは幕内2場所目。御嶽海は「壁にぶつかっている」「伸び悩んでいる」という周囲の声も耳に入ったが、自分を見失わず、勝つためにやれることに徹した。

次の名古屋場所は番付を大幅に上げ、初めての横綱、大関戦に臨むことが確実。対応力も経験も段違いの実力者との連戦が続くだけに、勝ち星を挙げるのは簡単ではない。今場所を「立ち合いの圧力が低く、相手を突き放したり、押し戻したりできていない」と反省。土台となる突き押しを磨きながら、上位定着への策を探っていく。

千秋楽

御嶽海　11－4　○寄り切り●　**大翔丸**　9－6

大翔丸《だいしょうまる》

番付＝東前頭13枚目（自己最高位）
出身＝大阪府
部屋＝追手風
体格＝175センチ、152キロ
年齢＝24歳（日大出、元アマチュア横綱）
初土俵＝2014年春場所（幕下15枚目格付け出し）
新十両＝15年夏
新入幕＝16年春
得意＝突き、押し
先場所＝8勝7敗
【前回の対戦】
2016春　●すくい投げ
（通算　4勝1敗）

元幕内大鷲・伊藤平さん語る

「どう守るのか」も磨いて

御嶽海は最後まで諦めない相撲が多かった。得意ではない四つになってもあがき、動いた結果で好機が巡ってきた。そこで相撲勘の良さを生かした。諦めない姿勢が出てきたのが良かった。苦手な力士にも勝っていたし、自信がつくはずだ。

初めての三賞獲得は、大きなおまけのご褒美。選考委員会で満票を獲得したことは良かった。みんなが認めてくれたということだ。

ただ、差した時にまわしを取りにいく相撲があったのが気掛かり。差したら腕を返すとか、はず押しにして、まわしを絶対に与えないような策を取る方が安全。ここからは、どう守るのかという部分も磨かないといけない。今場所は体勢が低かったから影響は少なかったとはいえ、立ち合いが一歩遅れる相撲も散見された。

自分も現役時代、横綱戦を何度か経験した。立ち合いのレベルが全く違うし、迫力負けする。三役以上を狙うつもりなら何よりも稽古が必要。今は稽古で自分を追い込まなくても結果が出ているようだが、稽古をしないで結果も出なくなると、流れを変えるのがきつくなる。自分も何であの時、もっとやっておかなかったんだろうという後悔がある。素質がある力士なのだから、期待している。

出羽海親方「千秋楽のように踏み込み良し、突き放して良しの相撲を取れば、良い流れで勝てる。相手のことをそこまで考える必要はない。場所前に（食あたりで）稽古できていなくても勝っているのは、それなりの実力を備えているから。上位陣と総当たりの来場所は、まずは自分の相撲がどこまで通用するのかやった方がいい」

御嶽海「勝てば敢闘賞だと聞いていた。意識せずに自分の相撲を取ろうと思い、良い相撲が取れた。初の三賞獲得は良かったし、うれしい。自信にも勉強にもなった場所。また来場所で上のステージに立つことができる」

強い踏み込み、最後まで

御嶽海は取組前、勝って11勝目を挙げれば、敢闘賞を獲得できることを知っていた。「支度部屋に入ったら、関取衆が話していたのを聞いて知った。でも、それを考えると硬くなると思った」。自分の相撲に集中し、力強い踏み込みで立った。

しっかり当たると、大翔丸の右の突き手を左で素早くおっつけた。これでたまらず引いた大翔丸に遅れず、頭をつけるようにして追撃。「密着して、引いてくるのを待っていたから」。右を差して足を運び、腰を落として一方的に寄り切った。

元アマチュア横綱同士。角界で5度目となる対決を制し、「自分の立ち合いができ、自分の相撲が取れて良かった」。支度部屋では敢闘賞の賞金（２００万円）の使いみちを聞かれ、「自分へのご褒美とかは考えていない。疲れました」と充実感をにじませた。

11勝で初の敢闘賞
県出身力士は65年ぶり

御嶽海は千秋楽で大翔丸を下し、幕内自己最多の11勝目を挙げて、初めての三賞となる敢闘賞を受賞した。幕下付け出しから所要8場所での三賞獲得は輪島、舞の海らを抜き史上8位の速さ。県出身力士が三賞に選ばれるのは、１９５１（昭和26）年夏場所で東前頭14枚目の大昇（おおのぼり）（北佐久郡軽井沢町出身）が敢闘賞を受けて以来65年ぶり2度目。

今場所を自己最高位で迎えた御嶽海は初日から先場所関脇の豊ノ島を破ると、相手の特長や取り口に応じた攻めで白星を先行させ、幕内自己最速の11日目に勝ち越した。14日目に10勝目を手にし、目標だった２場所連続２桁勝利を達成。千秋楽も快勝し、勇ましい姿勢と優秀な成績を挙げた幕内力士が対象となる敢闘賞に選出された。

御嶽海の敢闘賞　満票で選出

夏場所の三賞選考委員会（委員45人以内）は19人が出席して幕内の取組前に開かれた。御嶽海は「今日勝った場合」という条件付きで敢闘賞の候補に挙がり、満場一致の19票で選出された。審判部長の二所ノ関親方（元大関若嶋津）が「11番勝ち星があれば」と御嶽海を候補に挙げた。選考委は多数決を取り、必要な過半数を大幅に超える満票だった。御嶽海は「うれしいし、ありがたいこと」とした。

遠藤も御嶽海と同じく勝てば敢闘賞という条件付きで候補に挙がり、10票で選出されたが、取組は敗れた。初めて技能賞を獲得した栃ノ心は、13票での選出だった。

初の三賞受賞　晴れ晴れ花道
国技館や木曽、広がる喜び
「成長した」「このまま上へ」

「成長した」「このまま三役に」―。伸び盛りの23歳が65年ぶりの県出身力士の三賞となり、東京・両国国技館の相撲ファンや木曽地方で応援した人たちに喜びが広がった。

御嶽海は敢闘賞の表彰式を終え花道を引き揚げた。両脇の客席から「御嶽海！」と盛んな声援が飛ぶと、晴れ晴れとした表情でファンとハイタッチに応じていた。

国技館で見守った木曽相撲連盟会長の植原延夫さん（76）＝木曽郡木曽町＝は大健闘と評価。「今場所は、相手にまわしを取らせず前に出て勝つ相撲が見られ、成長した」。安曇野市穂高柏原から訪れた笠原健市さん（66）も三賞に「いやあ、うれしいね」と笑顔を見せた。「横綱や大関との対戦では厳しさも味わうはず。前さばきのうまさも身に付けてほしい」。横浜市港南区の会社員磯野美紀さん（39）は、注目力士の１人という御嶽海が勝つと、力いっぱい拍手を送った。「持ち味を生かした相撲で安心して見られた。来場所も頑張って」と期待した。

初の三賞となる敢闘賞に輝いた御嶽海は千秋楽翌日の23日、出身地の木曽郡上松町での後援会の激励会に出席。「敢闘賞おめでとう」「よかったなあ」と声が掛かる中、赤ちゃんを抱いて記念撮影に応じるなどし「大勢の人に応援してもらっていることを実感した。来場所（名古屋場所）に向けた稽古の励みにしたい」と語った

表彰式後、祝福を受けながら花道を引き揚げる御嶽海

横綱・大関と初めての総当たり

自己最高位を更新、迎える名古屋場所

フィリピンで母の実家を訪問

角界入りしてから初めて、フィリピンにある母マルガリータさん（46）の実家を訪問。50人近い親族らが集結。地元料理でもてなされ、「親族が大歓迎してくれ、相撲を皆のために頑張ろうと思えた。名古屋場所を前に良い機会になった」

自己最高位を大きく更新「東前頭筆頭」に 横綱・大関陣と総当たりへ

長野県出身力士として1955（昭和30）年3月場所で西前頭筆頭だった大昇（北佐久郡軽井沢町出身）以来の前頭筆頭に。23歳の御嶽海は「妥当な番付だと思う。上位陣に1人でも2人でも勝てるように頑張りたい」（6月27日）

3横綱4大関と総当たり見据え稽古再開

出羽疾風（左）と精力的に稽古をこなす御嶽海。「今までも相手の圧力に負け、上体がめくれ（起き）上がることが多かった。まずは土台となる下半身の強化がテーマになる」と攻略法を模索する（6月28日）

出稽古の白鵬に胸借りる

横綱白鵬（手前左）になかなか攻め手が通じない。10番続けて負け、最後に土俵外に転がされた際に左膝裏を痛め、肉離れと診断。上位陣と当たる前半戦への影響が心配されたが「上位陣と初めて戦う前に一番強い横綱と稽古できて良かった。なるべく早く治して頑張ります」（7月5日）

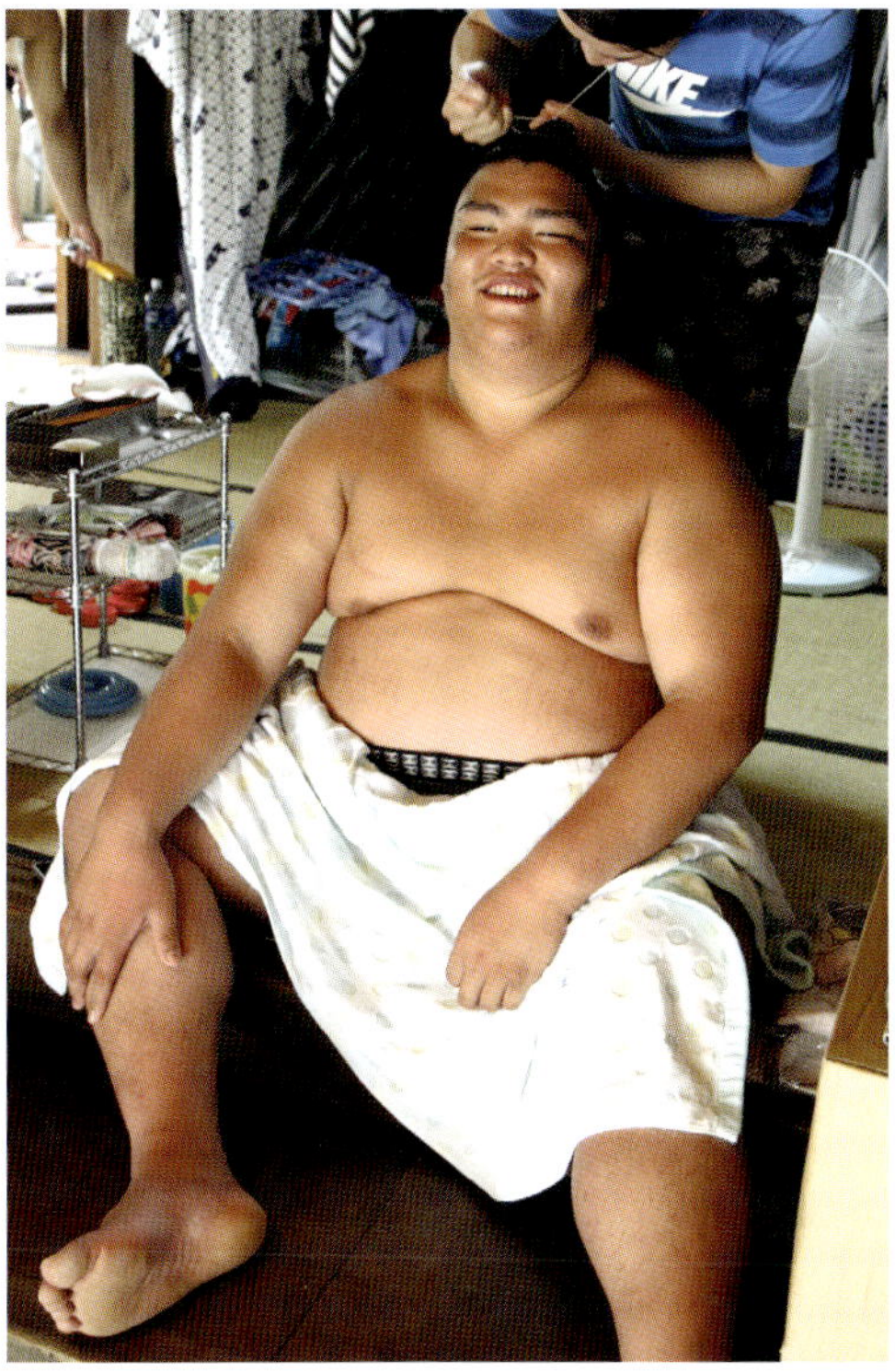

左膝裏の痛みは軽減し、出場に意欲

リラックスした表情で、まげを結ってもらう御嶽海。「けがは仕方ない。乗り越えていかないといけない。上位との総当たりは考えることは何もなく、胸を借りるだけ。びびらず、硬くならず臨みたい」（7月6日）

境川部屋に出稽古に行き、大関豪栄道と 12 番

大関豪栄道（手前左）の攻めを受け、土俵外に出される御嶽海。周りでは境川部屋の関取衆が見つめる。「（大関は）立ち合いが低くて速い。まわしの位置が自分よりも1個分くらい下にある」（7月4日）

初日前日　上位戦を前に

名古屋場所での健闘を祈り、出羽海部屋で手締めの音頭を取る（7月9日）

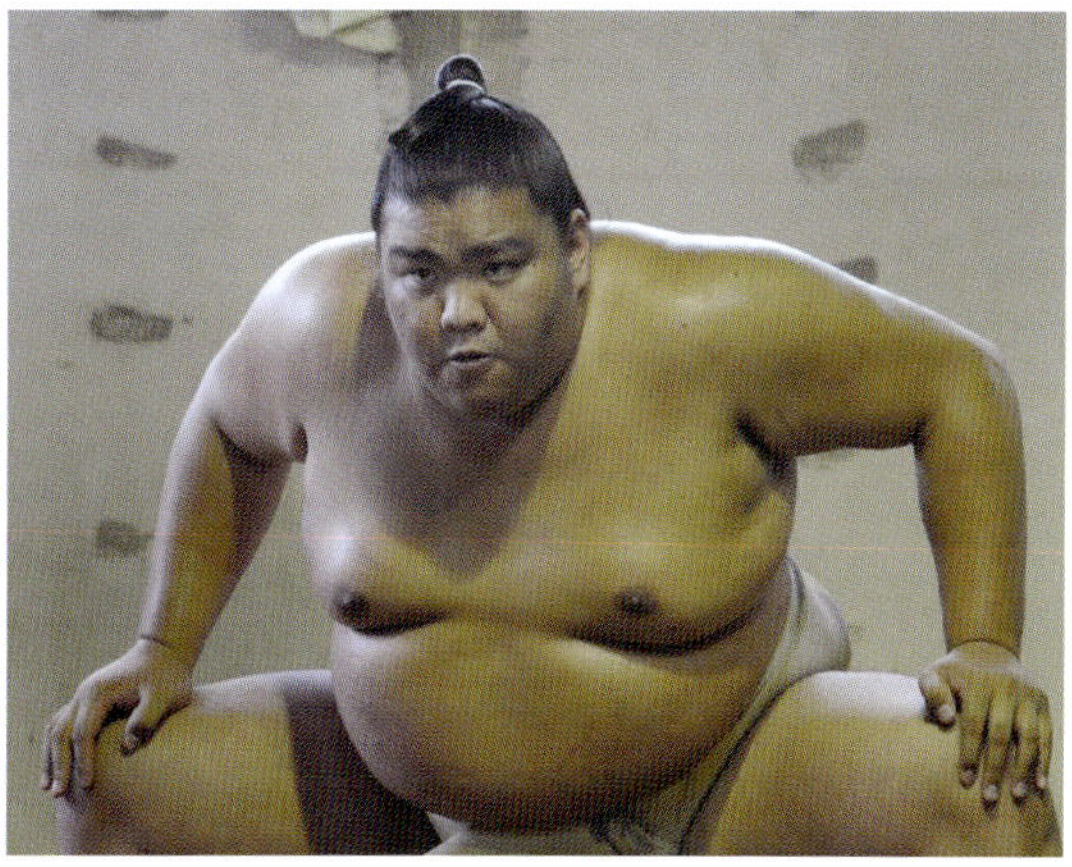

「やることやった」

朝稽古で土俵に視線を送る御嶽海。5日の稽古で故障した左膝裏は痛みが減り、初日から出場する意向。初めての横綱大関総当たりが待つ名古屋場所。「今は楽しみと不安の両方の気持ち」（7月8日）

元幕内大鷲・伊藤平さん語る

苦しい体勢でも、もがいて

御嶽海は東前頭筆頭に自己最高位を上げた。

現役時代の自分は西前頭三枚目が最高位だった。平幕（前頭）上位は三役を狙う位置。横綱、大関とも当てられる。自分の経験だと、横綱、大関は立ち合いが違った。圧力がとても高く、タイミングや体もずらされた。気付くと脇を2本とも差されているなど、自分の相撲を取らせてもらえなかった。

横綱、大関には前半戦で当てられる。横綱、大関は優勝争いが絡む終盤戦に自然と照準を合わせている。前半戦は取りこぼしも起こりやすい。両国国技館で年3回行われる東京場所と違い、名古屋などの地方場所は年に一度ずつの開催。雰囲気に慣れるのに時間がかかる面もある。負けて元々と向かっていければ、好機がないわけではない。

稽古で痛めた左膝裏は、本来ならきちんと検査してから出場した方がいい。体が資本だし、押し相撲は膝が重要。引退間際ならともかく、これから10年はある力士。出稽古に来た横綱白鵬の準備運動の入念さに感服したようだが、故障の予防であることを学び、実践していってほしい。今場所は医師から勧められたテーピングを施し、少しでも安心して相撲をとることが大事。そして金星を取れれば、痛みも減る。

夏場所後から出稽古を重ね、鍛えている様子が見えた。幕内自己最多の11勝を挙げた夏場所のように、苦しい体勢になっても、もがいてもがいて取ってほしい。横綱、大関との実力差を痛感しても乗り越えるには稽古しかないし、対戦経験を踏まえて稽古のやり方などを改めて考えるようになる。

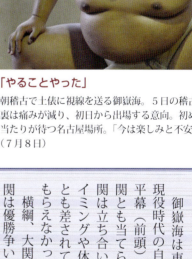

稀勢の里に完敗

「はじこうと思ったが…」地力の差

仕切り前。初優勝と18年ぶりの日本出身横綱誕生を期待される大関稀勢の里の初日に、館内が沸いていた。これまで関脇、小結とも戦った経験がない御嶽海は「緊張しました。幕内下位の時と違い、歓声の大きさを含め、初めて感じる会場の雰囲気だった」。

自分を見失ったわけではない。「相手は見えていたし、肩が（緊張による力みで）上がっているわけでもなかった」。この日の朝稽古で何度も確認した通り、稀勢の里に得意の左四つにさせないため、脇を締め、右おっつけで頭から当たった。

初日
御嶽海 0－1 ●寄り切り○ 稀勢の里 1－0

ここで稀勢の里に地力の差を示された。おっつけた右腕を内側から大関に左肘で外側に上げられ、開いた右脇に相手の左差しを許した。右上手も与えると、5日に故障した左膝裏が回復途上という事情もあり、あっさりと土俵を割った。

「自分が立ち合いではじこうと思ったのに（四つに組まれ）もう目の前にいました」と御嶽海。取組の懸賞は1月の初場所2日目の遠藤戦での15本を上回り、自身最多の27本が出されていたが、手にできなかった。

3横綱、4大関と初めて総当たりする本場所。「まだ始まったばかり。稀勢の里関にはダメだったけれど、またこれから」。勝てば殊勲。そして今後の成長を見据え、通用しない部分を知るための15日間が始まった。

御嶽海の出身地、木曽郡上松町の町公民館で、応援の横断幕やうちわを手に御嶽海の取組を見守る町民ら

稀勢の里（夢の実現への第一歩は、初顔合わせのホープを全く寄せ付けない完勝）「集中していった。いいんじゃないですか」

稀勢《きせ》の里《さと》

番付＝東大関
出身＝茨城県
部屋＝田子ノ浦
体格＝187センチ、175キロ
年齢＝30歳
初土俵＝2002年春
新十両＝04年夏
新入幕＝04年九州
新三役＝06年名古屋
大関昇進＝12年初
得意＝左四つ、寄り、突き
先場所＝13勝2敗
【初顔合わせ】

2日目

御嶽海 0-2 ● 寄り切り ○ 鶴竜 2-0

初の横綱戦、初の結びの一番

「この相撲一番にて、本日の打ち止め」―。最高位の立行司、式守伊之助が呼び上げた結びの一番の土俵に、御嶽海は初めて上がった。「会場の盛り上がりが、その日の最高潮に達するのが結びの一番。（新十両から）1年でここまで来て、場所2日目で結びの一番。夢のようです」。感慨を持って、横綱初挑戦となる鶴竜に立ち合った。

「流れは良かった。しっかり自分の立ち合いができた」。踏み込み良く頭で当たると、左を差して中に入り、抜群の出足で鶴竜を土俵際へと押し込んだ。だが、後退しながら見せた横綱の対応力の方が上だった。御嶽海は右はず押しを上から叩かれるように崩されて圧力を上げられず、差した左は体を寄せられ、まわしをしっかり取られた。

「はあー、つええ（強い）」。回り込んで寄り切られた御嶽海は、支度部屋で苦笑いを浮かべた。「中に入れたんでいいのかなと思ったけれど…。まわしを取るまでのスピードが違う。これまでなら、取られるなって感じてからなのに、もう取られている。想像を超える力です」。初日の大関稀勢の里戦に続いて実力差を感じさせられた。

ただ、23歳のホープが持ち味を出して横綱を押し込んだ相撲に、満員御礼の館内は沸いた。「緊張したけれど、結びの一番を楽しめた。結びを（観戦に来た）両親の前で取れて良かった」。100パーセントの力を出し、上位陣と戦えている感触がある。「負けて元々。一番が終わったら切り替える。次へ、次へといかないといけない」。初日よりも前向きな言葉を並べ、今度は白鵬に挑む。

鶴《かく》竜《りゅう》

番付＝西横綱
出身＝モンゴル
部屋＝井筒
体格＝186センチ、155キロ
年齢＝30歳
初土俵＝2001年九州
新十両＝05年九州
新入幕＝06年九州
新三役＝09年夏
大関昇進＝12年夏
横綱昇進＝14年夏（第71代）
得意＝右四つ、下手投げ
先場所＝11勝4敗
【初顔合わせ】

結びの一番に登場した御嶽海に、ひときわ大きな声援を送る木曽地方からの応援団

最高位に苦杯

完敗 白鵬の壁

3日目
御嶽海 0―3 ●寄り切り○ 白鵬 3―0

「何もさせてくれなかった。強過ぎます」

平幕2人が2横綱を破った3日目の土俵で、御嶽海は取り残されたように第一人者の白鵬に完敗した。「何もさせてくれなかった。強過ぎます。歯が立たないです」。レベルの違う取り口に、衝撃を受けた様子だった。

白鵬が全勝優勝した5月の夏場所。31歳の大横綱は左張り手、右かち上げの荒っぽい立ち合いで物議を醸した。出羽海部屋に出稽古に来た7月5日も、稽古相手に指名した御嶽海に対し、同様の立ち合いが散見された。

だが、この日、白鵬が見せたのは逆の右張り手。かち上げを想定して脇や肘を締めていた御嶽海はまともに食らった。白鵬は素早く左を差すと、御嶽海が反撃の左差しを狙って腰を寄せた瞬間に右上手も取った。

一気に寄り切られた23歳の御嶽海は「自分の想定と逆だった。そこから突き放そうと思ったが、横綱が速かった」。白鵬の初顔合わせへの連勝が28に伸び、「厳しいですね、（初顔への）攻めが…」と脱帽していた。

自身が福島中3年だった2007年名古屋場所から、第69代横綱を務める白鵬。御嶽海は初土俵を踏んだ2015年3月の春場所初日で、帰り際に場所入りする横綱白鵬に遭遇。初めて本場所で深々と頭を下げて以来、492日で初対戦を迎えた。

その間、幕下10枚目格付け出しから東前頭筆頭まで番付を上げ、「492日での初対戦は自分でも早いと思う」。ただ、実力も、備えるオーラも、別次元だということを自覚している。「きょうは（5日の）稽古場とも別格。すごみがあった。これもまた、経験です」。ホープの勉強は続く。

白《はく》鵬《ほう》

番付＝東横綱
出身＝モンゴル
部屋＝宮城野
体格＝192センチ、156キロ
年齢＝31歳
初土俵＝2001年春
新十両＝04年初
新入幕＝04年夏
新三役＝05年初
大関昇進＝06年夏
横綱昇進＝07年名古屋（第69代）
得意＝右四つ、寄り
先場所＝15勝
【初顔合わせ】

金色の星を貼り付けた紙を掲げ、会場入りする御嶽海に声援を送る県農業経営者協会の会員ら。県内からの御嶽海応援団は白鵬との真っ向勝負に声援を送った

横綱戦3連敗　御嶽海の糧

日馬の速さ「尋常じゃない」　体感した三者三様の強さ

御嶽海は初めての横綱3連戦を全敗で終え、平幕力士が横綱に勝つことを意味する「金星」の獲得はならなかった。23歳のホープは「3横綱は全然タイプが違った。得るものも、一人一人違いました」と振り返った。

日馬富士には、立ち合いの速さで圧倒された。「トップスピードで踏み込める歩幅が広い」。自身が10センチほど踏み出そうとした間に、横綱にはしっかり一歩を踏み込まれ、喉輪攻めに上体が起きてもろ差しを許した。「自分が踏み込めた感じがなく、中にもう入られていた。入る速さが尋常じゃない。初めて全身を起こされた」

右から投げようとしたが果たせず、左を差したまま右前まわしも引いた横綱の寄りに土俵を割った。日馬富士は137キロの軽量だが、スピードを武器に第70代横綱に上り詰めた。自身も踏み込みの鋭さを土台にスピード昇進した御嶽海。師匠の出羽海親方は「速さで勝負してきたのに、横綱はさらに速い」と指摘した。

鶴竜には押し込んだものの巧みな対応力を見せられ、白鵬には想定外の立ち合いから瞬く間に万全の体勢をつくられた。

出羽海親方は「立ち合いで突き放す自分の相撲が取らせてもらえない。この経験をどう生かしていくか。親方衆に言われるだけじゃなく、自分で考えて稽古していけばいい」と背中を押した。

「3横綱に対戦できたことが良かった。それだけで経験。全部プラスになることばかりだった」と御嶽海。残り3大関との対戦が控える5日目以降に向け、「心の状態は変わらない。いつも通りに行きます」。挑戦者の姿勢で多くのものを吸収していく。

4日目

御嶽海　0－4　●寄り切り○　**日馬富士**　3－1

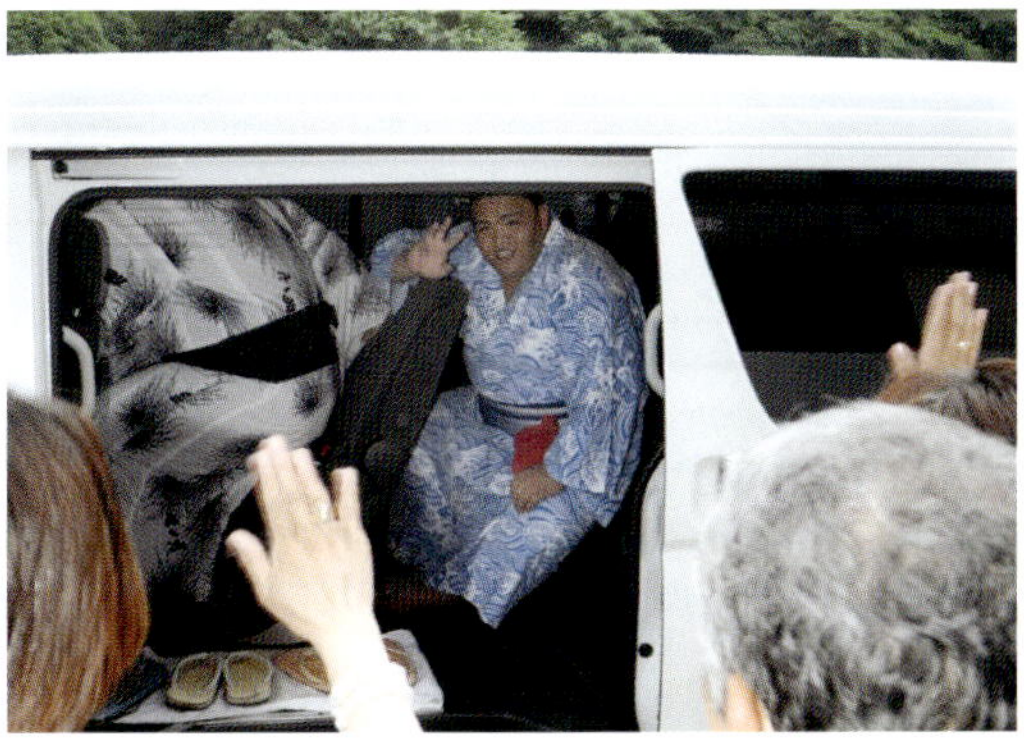

取組後、「必ず勝機は来る」と見送りの人たちに激励を受け、御嶽海は表情明るく車内から手を振ってあいさつ

日馬富士《はるまふじ》

番付＝東横綱
出身＝モンゴル
部屋＝伊勢ケ浜
体格＝186センチ、137キロ
年齢＝32歳
初土俵＝2001年初
新十両＝04年春
新入幕＝04年九州
新三役＝06年夏
大関昇進＝09年初
横綱昇進＝12年九州（第70代）
得意＝右四つ、寄り
先場所＝10勝5敗
【初顔合わせ】

押し合い、我慢できず

5日目

御嶽海 0－5 ● 押し出し ○ 琴奨菊 1－4

引いて黒星の御嶽海

御嶽海は自身と同じ初日から4連敗と苦しんでいた琴奨菊に押し出された。「相手が4連敗というのは頭にあったが、大関なので」と胸を借りる姿勢で挑んだものの、攻め手を詰め切れず、初白星をつかめなかった。

「当たって、途中までは良かった。下からいけていた」としっかり入った左はずで押し上げた。右でも押したが、大関の力強い左が絡んで体を離せなかった。「我慢したかったけれど、自分の体も起こされできなかった」。引きに出たが、相手を落とすスペースを取れないまま大関に足を運ばれ、土俵を割った。

横綱、大関と初めて総当たりする幕内5場所目は上位陣の攻めの厳しさや段違いの対応力、自身の取り口の甘さが連日はっきりと浮かび上がる。「ここまであっという間の5日間でした」と序盤戦を振り返った。

上位陣とは2大関との対戦を残すだけ。今場所の後半戦で巻き返し、来場所（9月の秋場所）で横綱、大関に再び胸を借りられる番付につけるためには、流れをつくる相撲内容が大事になる。

「引き続き、相手を立ち合いで下げることをテーマにやりたい」。突き押しを貫く姿勢は変えない。6日目の15日は照ノ富士戦。苦手意識を持つ巨漢の大関に挑む。

琴奨菊《ことしょうぎく》

番付＝西大関
出身＝福岡県
部屋＝佐渡ケ嶽
体格＝１８０センチ、１８０キロ
年齢＝32歳
初土俵＝２００２年初
新十両＝04年名古屋
新入幕＝05年初
新三役＝07年春
大関昇進＝11年九州
得意＝左四つ、寄り
先場所＝10勝５敗
【初顔合わせ】

巨漢大関撃破

6日目
御嶽海 1−5 ○押し出し● 照ノ富士 4−2

「我慢できた」粘り強く重心崩す

御嶽海が大関からの初白星を挙げた。相手は照ノ富士。3横綱、4大関の中でただ一人の20代となる24歳の実力者だ。23歳の御嶽海は「意識は当然、あります。自分と同年代でこれから何度も対戦するだろうから」。士気高く初挑戦し、自分の突き押し相撲で快勝した。

低く鋭く踏み込み、照ノ富士の左張り手を「想定通りだった」ととらえた。ここからが真骨頂。「うまく入った」という右はずで193センチ、186キロの巨漢大関を押し上げた。「まわしを取られたら絶対にだめ。めっちゃ重かった」。粘り強く重心を崩すと、さらに右に回り、相手の苦し紛れの首投げがすっぽ抜けたところを逃さずに体を使って押し出した。

参考にしたのは、前日に照ノ富士を破った平幕の松鳳山の取組。御嶽海と親交のある32歳は体勢の低いもろ差しから、大関の重心をじっくり浮かしながら寄り切った。御嶽海は「松鳳山関は中に入って我慢していた。（大関琴奨菊に引いて敗れた）昨日は自分が我慢できなかったので。今日はできた」とうなずいた。

横綱、大関と初めて総当たりする今場所は6日目に初日が出た。「勉強と思っていたが、気持ちのキープは大変だった。いやあ、うれしいです。（祝福の無料通信アプリ）LINEがめっちゃ鳴っていると思います」

7日目の16日は横綱、大関との今場所最終戦となる大関豪栄道戦。「気持ちは楽になると思う。勝ち負けじゃなく、自分の相撲が取れるはず。気持ちをもう一度つくっていきたい」。流ちょうに心境を語る口ぶりに、増した自信が見て取れた。

照《てる》ノ富《ふ》士《じ》

番付＝西大関（かど番）
出身＝モンゴル
部屋＝伊勢ケ浜
体格＝192センチ、185キロ
年齢＝24歳
初土俵＝2011年5月技量審査
新十両＝13年秋
新入幕＝14年春
新三役＝15年春
大関昇進＝15年名古屋
得意＝右四つ、寄り
先場所＝2勝13敗
【初顔合わせ】

大関戦の勝利を祝福され、笑顔で引き揚げる御嶽海。照ノ富士を押し出した瞬間、会場の愛知県体育館（名古屋市）では、県内から応援に訪れた人たちが大きな歓声と拍手を送った

学んだ上位7連戦

7日目
御嶽海 1−6 ●上手出し投げ○ 豪栄道 5−2

「しなやかで華麗」豪栄道に当たった感触なく

大関の上手出し投げに転がった御嶽海は右膝付近を気にして、しばらく起き上がれなかった。周囲を心配させたが、支度部屋に戻ると、「踏ん張った時、右ふくらはぎの上をつっただけ。大丈夫です」。場所前に痛めた左膝裏をかばううち、反対の筋肉に疲労がたまっていたようで、中日8日目の出場に支障はない。

豪栄道への初挑戦は生命線の立ち合いで後手に回った。「思い切り立って、良い角度で当たったと思った」ものの、大関がわずかに左にずれたという。「相手がいなかった。自分の体がふわっと浮いた感じで、当たった感触が今までで一番なかった」と振り返った。

甘い左腕を差され、右は上手を許すと、素早く横に動いて打った豪栄道の出し投げを残せず、力なく転がった。「大関はしなやかで、華麗だった」と舌を巻いた。

豪栄道とは、7月4、5日に行った同じ出羽海一門の境川部屋との連合稽古で14番を取り、1勝13敗と圧倒された。稽古場では弱いものの、本場所での勝負強さに定評がある御嶽海だったが、初顔合わせは30歳の大関の取り口に及ばなかった。

その連合稽古で御嶽海は境川親方（元小結両国）から「三役に上がりたかったら、稽古場でも力を出し切りなさい」と指導された。親方衆は御嶽海に対し、相手が攻め手を分かっていても通用するレベルまで、武器の突き押しを磨くように求める。

御嶽海はこの日の朝稽古で、部屋付きの中立親方（元小結小城錦）の指導の下、突き押しの手の位置や、上体をぶらさないためのあごの使い方に気をつけ、たっぷり汗をかいた。「7連戦は勉強になった。8日目以降も自分の相撲を取りきることが大事」。親方衆の言葉の意味を理解し始めているのかもしれない。

豪栄道《ごうえいどう》

番付＝東大関
出身＝大阪府
部屋＝境川
体格＝183センチ、160キロ
年齢＝30歳
初土俵＝2005年初
新十両＝06年九州
新入幕＝07年秋
新三役＝08年九州
大関昇進＝14年秋
得意＝右四つ、寄り
先場所＝9勝6敗
【初顔合わせ】

御嶽海が館内に登場すると、長野市などの障害者とボランティアでつくる「長野『ひまわり号』の会」のメンバーが大声援を送った

後がない７敗目

気持ち切らさず「勉強続く、明日も思い切り」

8日目
御嶽海 1－7 ● 寄り切り ○ 魁聖 5－3

苦手意識を持つ巨漢力士、魁聖との立ち合い。御嶽海は受ける圧力を減らそうと、左にずれた。そして、差そうと伸びた魁聖の右腕の下から、左はず押しで相手を起こそうとした。２日前の大関照ノ富士戦は右のはず押しで起こすことに成功したが、魁聖は照ノ富士よりも11キロ重い１９７キロ。１５３キロの御嶽海は「重かったです」と手を焼いた。

その間に魁聖に自分の右脇をこじ開けられ、左差しを許した。「パワーが強く、我慢できなかった」。左下手、右上手とまわしを取られ、万事休す。胸を合わせた魁聖の寄りを残せなかった。

「（左にずれた）あれが駄目」。初顔合わせだった３月の春場所でなすすべなく寄り切られた経験から考えた策だったものの、「考えすぎました。真っ向勝負が良かった。素早く中に入って上体を起こすようにすれば良かった」と反省した。

横綱、大関との初の総当たり７連戦を１勝６敗で終え、この日から、関脇以下の力士との８連戦が始まった。横綱、大関と来場所で再び対戦するために勝ち星を稼ぎたいところだが、再出発の一番はものにできなかった。

「本当に勉強が続く。今場所は勉強の場所だから。（３場所ぶりの負け越しまで後がない）７敗目になったけれど、明日からも思い切りいくしかないと思っています」。気持ちを切らしていないことがプラス材料だ。

魁《かい》聖《せい》

番付＝東関脇（自己最高位）
出身＝ブラジル
部屋＝友綱
年齢＝29歳
体格＝１９５センチ、１９８キロ
初土俵＝２００６年秋
初十両＝10年名古屋
新入幕＝11年5月技量審査
新三役＝16年夏
得意＝右四つ、寄り、押し
先場所＝8勝7敗
【前回の対戦】
２０１６春　●寄り切り
（通算　2敗）

ライバルに対抗心…逆襲

立ち合いで琴勇輝の圧力に上体が起きそうになったが、骨盤の前傾角度を保って耐え、右おっつけから逆襲の突き押しを見舞った。相手の引きにも足を送ると、左を抱え込んで押し出した。9日目に2勝目を挙げた御嶽海は「押し込まれても対応が良かった。自分の相撲が取れた」と安堵《あんど》の表情を見せた。

琴勇輝は東前頭筆頭だった3月の春場所で12勝3敗と活躍。ただ、新関脇で臨んだ5月の夏場所は7勝8敗止まりで、今場所は初日から連敗中。夏場所前に審判部から注意を受け、立ち合い前に「ほうっ」と声を出す独特の所作を封印したことも合わせ、好調時の存在感が影を潜めていた。

「押し相撲同士だし、年も近いんで負けたくない気持ちがあった」と御嶽海。戦績が上がらない相手とはいえ、1歳上の琴勇輝が持つ突き押しの圧力の高さには、以前から着目していた。「勝てて良かった」と初顔合わせでの勝利を喜んだ。

10日目は琴勇輝と同じ年で、御嶽海が過去1勝3敗の正代と当たる。次世代の担い手として期待されるライバルたちへの対抗心が、戦績回復への支えになるか。「ここから巻き返していきたい」と意気込みを示した。

琴勇輝《ことゆうき》

番付＝東小結
出身＝香川県
部屋＝佐渡ケ嶽
体格＝176センチ、172キロ
年齢＝25歳
初土俵＝2008年春
新十両＝11年秋
新入幕＝13年初
新三役＝16年夏
最高位＝関脇
得意＝突き、押し
先場所＝7勝8敗
【初顔合わせ】

自分の押し相撲で2勝目

9日目
御嶽海 2－7 ○ 押し出し ● 琴勇輝 0－9

悔しい2度目の負け越し

ライバル正代との「成長の差」痛感

御嶽海は2度目の負け越しが決まった。今場所は初日から横綱、大関との初めての総当たり戦が続き、インフルエンザの影響を受けて初めて負け越した1月の初場所と同じように理由はある。ただ、この日はライバル視する正代との実力差を痛感して8敗目を喫した。支度部屋に戻っても元気がなかった。

1分40秒を超える長い相撲は、生命線の立ち合いが「ダメだった」。圧力で上回れず、差し手争いで右四つになった。右下手を取り、左はまわしを与えまいと攻防に耐えたが、四つ相撲の展開では、懐深くしなやかな正代が格上。腰を落とした正代に自分の左前まわしを取られて後退。そのまま寄り切られた。

1歳上で同じ元学生横綱の正代。東前頭2枚目だった先場所で、3横綱4大関と初めて総当たりし、今場所の御嶽海と同じく大関照ノ富士を破って1勝6敗だった。だが、その後は6勝9敗まで挽回。今場所は番付降下を東前頭5枚目にとどめて迎えた。立ち合いで上体が立つ悪い癖も改善され、白星先行を続ける。

「正代関は先場所も上位陣に自分の相撲を取れていたし、その後に6勝まで勝った。（現在2勝の）自分があと4番勝てるかというと、分からない」。幕下、十両時代を含めた正代との対戦成績は1勝4敗となった。「強いと思うし、自分が置いていかれている感がある」。10日目まで相手を突き放せない取組が多い御嶽海は弱気だった。

10日目

御嶽海 2−8 ●寄り切り○ 正代 7−3

正《しょう》代《だい》

番付＝東前頭5枚目
出身＝熊本県
部屋＝時津風
体格＝183センチ、163キロ
年齢＝24歳（東農大出、元学生横綱）
初土俵＝2014年春
初十両＝15年秋
新入幕＝16年初
新三役＝17年初
得意＝右四つ、寄り
先場所＝6勝9敗
【前回の対戦】
2016春　○寄り切り
（通算　1勝4敗）

「辛抱」9敗目

まわしを取られたくない御嶽海は突き押しを繰り出し、栃ノ心の張り手や喉輪を左に動きながらかわした。懐に入ろうと「前に出たかった」ものの果たせず、栃ノ心に左上手を許した。自身も右下手を取ったが、体が接近したことで栃ノ心に右まわしも与え、強引な引きつけで寄り切られた。

初顔合わせだった5月の夏場所は、御嶽海が押し倒しで勝った。「この前は中に入っていた。今回も中にもっと入れば良かった」。栃ノ心の張り手や喉輪を我慢しすぎたことを悔やんだ。衝撃で右頬にできた大きなニキビがつぶれ、土俵を離れる際に血が流れた。

栃《とち》ノ心《しん》

番付＝西関脇（自己最高位）
出身＝ジョージア
部屋＝春日野
体格＝190センチ、168キロ
年齢＝28歳
初土俵＝2006年春
新十両＝08年初
新入幕＝08年夏
新三役＝10年名古屋
得意＝右四つ、上手投げ
先場所＝10勝5敗
【前回の対戦】
2016夏　○押し倒し
（通算　1勝1敗）

「前に」狙い果たせず

初日から横綱大関7連戦があった今場所。関脇以下の力士も手ごわく、11日目に9敗目を喫した。インフルエンザの影響を受けて5勝8敗2休だった1月の初場所を超えるペースの苦しい土俵が続く。「良い勉強だし、辛抱。プラスに捉えたい」。大銀杏《おおいちょう》をまだ結えない23歳の戦いは残り4日だ。

11日目
御嶽海 2－9 ● 寄り切り ○ 栃ノ心 3－8

12日目

御嶽海 3－9 ○寄り切り● 松鳳山 4－8

「相手のペースでもチャンスはあった」

「ようやく勝てました」。軽量だが、速さと力強さを備える松鳳山に対し、御嶽海は十両時代から4戦目で初めて勝った。立ち合いで右張り手を食らい、左四つに組まれて右上手も与えてしまう負けパターンの展開。「終始、相手のペース。でもチャンスがあったので」と逆転で寄り切った。

左四つに組んだ際、自身は左下手を確保。そこから強引な上手投げを打った松鳳山の隙を突き、右上手も取った。「投げがくると思って警戒していた。あそこで右上手を取れたんで良かった」。俵を背にしながら腰を落とし、反転して自分よりも15キロ軽い相手を両まわしをひきつけながら寄り切った。「きちんと前に出られた。冷静に対処できた」と振り返った。

3勝目を挙げたが、立ち合いで突き放す自分の相撲がこの日も取れなかったため、「組んで勝ってもうれしくない。突き押し相撲で勝ちたい」。ただ、白星は良薬なのだろう。「負け越しているんで、自分の相撲を思い切り取り、悔いのないあと3番にしたい」。少しでも収穫を得ようと、吹っ切れた様子だった。

冷静… 3勝目

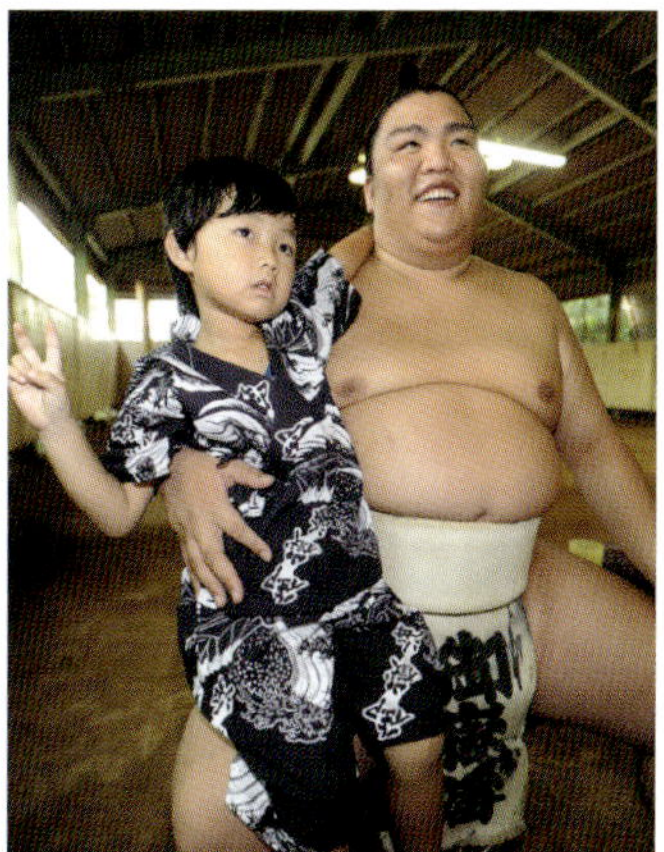

初めて作った自分のしこ名入りの浴衣生地で仕立てられた甚平を来た後援者の息子と記念撮影。生地は母校の東洋大カラーの「鉄紺」を地色とし、御嶽山と出羽海部屋の「海」を描いた。御嶽海は「しこ名や柄の良さが出るように仕立ててもらえたらうれしい」と笑顔

松鳳山《しょうほうざん》

番付＝東前頭4枚目
出身＝福岡県
部屋＝二所ノ関
体格＝177センチ、138キロ
年齢＝32歳（駒大出）
初土俵＝2006年春
新十両＝10年夏
新入幕＝11年九州
新三役＝13年初
最高位＝小結
得意＝突き、押し
先場所＝11勝4敗
【前回の対戦】
2016夏 ●寄り切り
（通算 1勝3敗）

今場所初めて2連勝

攻め手の応酬　本来の動き戻る

苦戦が続いていた御嶽海に、本来の動きが戻って来た。四つに組まれないように、突き押しの手数や運動量で相手を上回り、今場所初めて２連勝を飾った。４勝９敗と戦績を改善し、「今日は動けました。２連勝は気分が良いですね」。口調も滑らかになってきた。

人気のある29歳、勢との初対戦だった。御嶽海は踏み込んだが、「相手にも踏み込まれた」と攻め手の応酬になった。いなしてつかまらず、押し込まれても素早く左に回り、浅く左を差して前に出た。土俵際で勢の右小手投げに体を預けるように寄り切った。

勢とは場所前、今場所をPRするテレビ番組の収録で一緒になった。「自分と（語り口が滑らかな勢）は絶妙なコンビネーションだった。今日は土俵でも（攻め手の応酬で）絶妙なコンビネーションだったから、最後は同体かなと思った」と支度部屋で話し、報道陣の笑いを誘った。

負け越しは決まっているものの、残り２番の戦績次第で９月の秋場所を横綱、大関と再び当たる番付にとどまれる可能性がある。「あと２日。自分の相撲を取ることが大事」と良い流れをつくり、来場所につなげる。

13日目

御嶽海 4－9 ○寄り切り● 勢 4－9

仕切りの間、「みたけうみ、みたけうみ」と声援を送る出身地上松町からのツアー一行。近くの席からは「いきおーい」と声が掛かり、応援合戦になったが、御嶽海の勝利に歓声が上がった

勢《いきおい》

番付＝西前頭４枚目
出身＝大阪府
部屋＝伊勢ノ海
体格＝194センチ、165キロ
年齢＝29歳
初土俵＝2005年春
新十両＝11年九州
新入幕＝12年春
新三役＝14年九州
最高位＝関脇
得意＝右四つ、寄り
先場所＝4勝11敗
【初顔合わせ】

四つ相撲…御嶽海「勝機なし」

過去最低タイの10敗

2分近い長い四つ相撲で、御嶽海は敗れた。蒼国来が得意とする右四つに持ち込まれてから粘りを見せたが、「一番なりたくない展開だった。勝機はなかったです」。今場所は前半戦に横綱、大関との7連戦があったこともあり、これで角界入りして初めての2桁黒星となる10敗目を喫した。

過去1勝2敗の蒼国来との4度目の対戦は序盤に勝機があった。立ち合いで左脇を差されないように締め、わずかに左にずれて当たると、突き、押しの手数で蒼国来を土俵際に追い込んだ。ただ「勝負どころは見えていたのに決められなかった」。力が強く、捉えづらい蒼国来に左脇を差され、右四つになった。

上手を許し、自身は上手を取れない苦しい体勢で止まった。寄りを「あっさり土俵から出たくなかったから」と右下手投げで残し、満員御礼の館内を大きく沸かせたものの、最後は右前まわしも許して寄り切られた。

これまでの最低成績はインフルエンザの影響を受けた1月の初場所の5勝8敗2休。休場は番付編成上で黒星と見なされるため、10敗の現状は過去最低タイと同意だ。負け越しが決まっている幕内下位の徳勝龍に千秋楽で勝ち、最低成績の更新を回避したいところだ。

蒼国来《そうこくらい》

番付＝西前頭9枚目
出身＝中国
部屋＝荒汐
体格＝185センチ、140キロ
年齢＝32歳
初土俵＝2003年秋
初十両＝10年初
新入幕＝10年秋
最高位＝前頭4枚目
得意＝右四つ、寄り、投げ
先場所＝7勝8敗
【前回の対戦】
2016夏　●寄り切り
（通算　1勝3敗）

14日目
御嶽海 4－10 ●寄り切り○ 蒼国来 5－9

5勝目　上位戦へ課題

立ち合い・対応力…実力差痛感

自己最高位の東前頭筆頭で幕内5場所目を戦った御嶽海は「今回は勉強の場所」と繰り返した。3横綱4大関と初めて総当たりし、その後も関脇、小結、平幕上位と連戦した。初の2桁黒星となる10敗を喫し、実力差が明確に出る取組が多かった。23歳のホープは課題を突きつけられた。

師匠の出羽海親方は「立ち合

千秋楽

御嶽海（5－10）○寄り切り● **徳勝龍**（6－9）

いで、相手を思ったように突き放せない。上位陣の圧力の違いを感じたと思う」と指摘する。御嶽海は「立ち合いで相手を1、2歩でも下げること」をテーマに上位陣に挑戦したが、「自分の立ち合いは効かない。踏み込みの速さ、重さが違う」と受け止めた。

強く踏み込もうと意識し過ぎたり、大柄な相手に合わせるように体が伸びたり、低さや鋭さが前面に出なかった。御嶽海は「膝の角度を90度に保って低く行ければいいが、大柄で圧力も高い相手に、腰の位置が低すぎると圧力負けして後ろにひっくり返ってしまう」と苦悩した。

出羽海親方は「今まで幕内下位が相手なら1、2歩下げられた。反撃を食らっても、流れが悪くないから勝つこともできた」。11勝を挙げた先場所の御嶽海は自ら流れをつくり、相手の取り口に応じた対応力も光った。今場所は同じようにいかず、「対応力も相手が上。動きが速かった」。

御嶽海は7月31日に始まる夏巡業の場を中心に立ち合いを磨く。名古屋場所前の出稽古で「非常に柔軟性があり、良いものを持っている」（横綱白鵬）、「体幹が強く、体の軸がぶれない」（大関豪栄道）と評価されたように素質は周囲が認めている。突き押しの手の形から基本に戻って稽古する。

出羽海親方は「今場所は自分の力が通用するかどうか肌で感じ、稽古の必要性を理解すれば良い」と背中を押す。御嶽海は「上位陣に胸を借り、良い稽古で鍛えるしかない」と気を引き締めた。

徳勝龍《とくしょうりゅう》

番付＝西前頭12枚目
出身＝奈良県
部屋＝木瀬
体格＝180センチ、180キロ
年齢＝29歳（近大出）
初土俵＝2009年初
新十両＝11年九州
新入幕＝13年名古屋
最高位＝前頭4枚目
得意＝突き、押し
先場所＝6勝9敗
【前回の対戦】
2016夏　○押し出し
（通算　2勝2敗（不戦敗1））

御嶽海「5勝は上出来だと思います。これまでと違う、楽しい本場所でした。手応えは全然なく、課題ばかり見つかったけれど、また上位陣とやりたい。緊張感や盛り上がりの違う、あの雰囲気の中でやりたい」

元幕内大鷲・伊藤平さん語る

突き押し、徹底して鍛えて

まずは15日間、ご苦労さんでした。初日から横綱、大関と初めて総当たりし、5勝10敗なら御の字。突き押しの形の不十分さ、四つ相撲が苦手なことを考えると、4勝11敗くらいでもおかしくないと予想していた。

横綱、大関との7連戦は立ち合いでほとんど先手が取れなかった。自分も現役時代に感じたが、上位陣は立ち合いの力が2、3枚も上。御嶽海は思い切って踏み込めず、相手の出方を見ているようなところもあった。

立ち遅れ、当たってからの右脇がやはり甘い。四つ相撲が得意だった自分でも、左が入りそうと感じるくらいだ。今までは四つ相撲でもたまに勝てたけれど、上位陣が相手では簡単にいかないことが分かったはずだ。

勝ち星が稼げない流れを引きずり、後半戦も立ち合いの当たりは良いとは言えなかった。11勝を挙げて敢闘賞も獲得した先場所は、相手を押していたから、四つ相撲で苦しくなっても、もがいて逆転することができた。

夏巡業で徹底して鍛えればいい。脇をしっかり締め、死に物狂いで相手の差し手を防ぎ、突き押しに徹する姿勢が欲しい。当たる時の手の形に気をつけ、低く下から押せば、相手はたじろぎ、多様な攻めもできる。三役を狙える素質があるし、3年先を見据えた稽古を心掛けてもらいたい。

来場所は前半戦で好成績を挙げれば、後半戦は横綱、大関の一部と当たる可能性がある。それまでの稽古で高めた力をぶつけ、手応えを得られれば、自信がつくだろう。

幕内上位で相撲を取ったことで知名度は全国区に上がっている。力をつけ、目の肥えた観客を沸かせられれば、土俵人生がさらに面白くなる。

苦しかった15日間…来場所へつなぐ

御嶽海が5勝目をつかみ、苦しかった15日間を締めくくった。5勝10敗の戦績で負け越したが、平幕（前頭）上位は負け越した力士が多く、御嶽海は来場所（9月の秋場所）の番付を大きく落とさずに迎えられる見通し。県出身力士で1931（昭和6）年に入幕した元関脇高登（たかのぼり、下伊那郡喬木村出身）以来の三役昇進を視野に、自らを鍛え直す。

来場所に少しでも良い流れで向かうため、幕内下位の徳勝龍との一番は内容が大事だった。立ち合い。右喉輪で徳勝龍を起こし、素早く左を差し込むと、右おっつけで前進。左四つになって粘る徳勝龍の投げにも体を寄せ、腰を落として寄り切った。「四つに組んで休んだら絶対に駄目だと思った」と動き切った。

今場所は初日から5連敗を喫し、11日目を終えた時点で2勝9敗。経験したことのない悪い戦績に、入門2年目の23歳は集中力の維持に苦労した。いつもは親方衆や後援者とちゃんこ場で取る朝稽古後の食事を「何かを変えたいと思ったから」と、珍しく3日間ほど自分の個室に持ち込んだ。

6月下旬、フィリピンに母マルガリータさん（46）や父春男さん（67）と里帰りし、「それが今場所の気持ちの支えとして大きかった」。御嶽海は信号待ちの車中で、路上の物売りや物乞いが集まってくる光景を目にした。母の実家では、親族から手作りの横断幕や地元料理で大きく歓迎された。

「自分は自分の仕事である相撲を皆のために頑張ろうと思えた。親族に『しっかりした気持ちで、少しずつ上がっていけば良い』と言われた。先場所の成績が良かっただけに挑戦者の気持ちを忘れかけていたが、呼び起こすことができた」

大関稀勢の里の左四つのように、分かっていても止められないレベルまで自分の突き押し相撲を磨く必要性を痛感した。挑戦は終わらない。一つのステージを終え、また新たなステージに進む。

大銀杏姿で臨む

初土俵から10場所　名実そして姿も関取へ

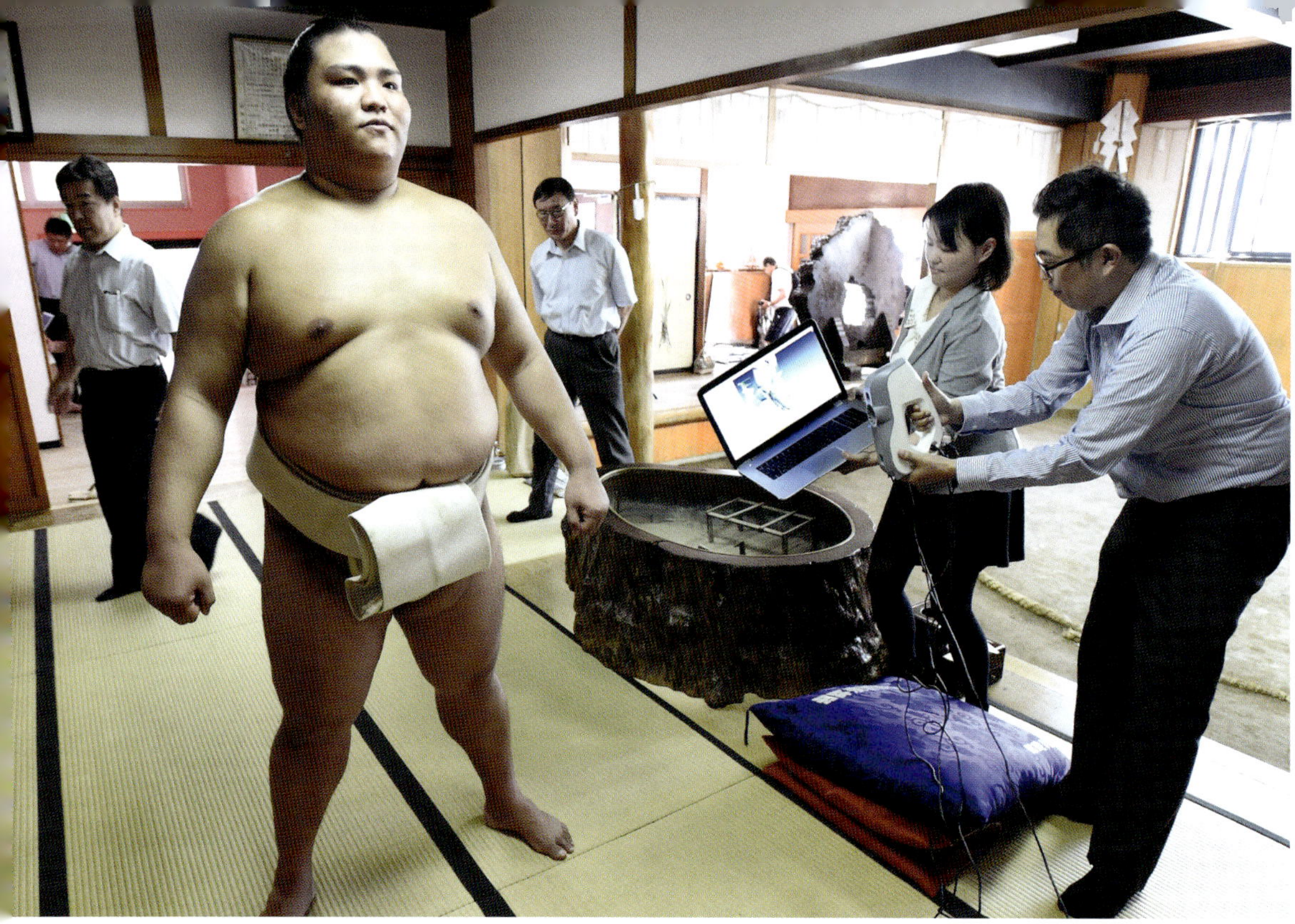

木曽ヒノキ使い、御嶽海の精密な影像作りに着手

樹脂切削加工の今泉製作所木曽工場（木曽郡上松町）の社員らが朝稽古を終えて仁王立ちした御嶽海の周囲を回りながら、３Ｄスキャナーを顔や体に向けて記録。引き締まった表情や筋肉の盛り上がりを再現した立体画像が浮かび上がり、のぞき込んだ御嶽海も「本当すごいわ」（９月９日）

新番付発表「西前頭５枚目」

大相撲秋場所の番付表を手に表情を引き締める御嶽海。先場所は横綱、大関陣と初めて総当たりし５勝10敗と負け越し。番付を下げたのは３月の春場所以来２度目で「番付を少し落としたのは悔しいが、三役になれるチャンスはある位置」（８月29日）

御嶽海、不安一掃なるか

朝稽古ですり足を繰り返し汗を流す。先場所を終えて以降、左、右と順に足の痛みを訴えて実戦的な稽古が積めず、不安材料を抱え、幕内６場所目に臨む（９月10日）

16リオ五輪

御嶽海、萩野選手を祝福
学友がメダル「負けない活躍を」

リオデジャネイロ五輪競泳で金、銀、銅のメダル３個を獲得した萩野公介選手（東洋大）の活躍を御嶽海が喜んでいる。御嶽海は東洋大時代から２学年下の萩野選手と親交があり、五輪期間中もスマートフォンの無料通信アプリ「ＬＩＮＥ（ライン）」で祝福メッセージを送り、やりとりした。

巡業中の御嶽海は９月７日、４００メートル個人メドレーで金メダルを取った萩野選手に「おめでとう」と送ったのを皮切りに、16日までＬＩＮＥで20回以上やりとりした。「公介から『取組をいつも見ているんで大道さんも頑張ってください』と返事があった。舞台が違っても、戦うという気持ちは一緒。負けない活躍をしたいと思った」と励みになったようだ。

東洋大時代に学生横綱など個人タイトル15個を獲得した御嶽海。萩野選手とは学内表彰で顔を合わせて親しくなり、一緒に焼き肉を３度ほど食べに行ったという。２０１５年11月の九州場所の前に行われた御嶽海の新入幕を祝う学内イベントの場には、萩野選手がリオデジャネイロ五輪陸上男子１００メートル代表の桐生祥秀選手（東洋大）と駆けつけた。

御嶽海は萩野選手が銀メダルを取った２００メートル個人メドレー、日本の銅メダル獲得に貢献した８００メートルリレーもテレビで観戦。「自分も公介を応援しているし、公介も自分を応援してくれる。９月の秋場所、三役昇進を目指して頑張りたい」と話していた。

御嶽海、いよいよ大銀杏姿

出世の早さに髪の伸びが追いつかず、まげを結っただけで土俵に立っていた入門２年目の御嶽海が、秋場所から大銀杏《おおいちょう》姿で土俵に上がる。

ざんばら髪からまげ姿に変わった2015年12月の時点では、大銀杏を結える髪の長さになるにはさらに１年ほどの時間が必要とみられていた。ただ、髪が予想よりも順調に伸び、肩甲骨に十分かかる長さになったため、部屋付き床山の床力（23）と相談。試験的に大銀杏を結って決めた。

大銀杏は、頭頂部にできるまげのはけ先がイチョウの葉の形に似ているため、そう呼ばれる。日本相撲協会の力士規定で関取は大銀杏姿での出場を求められている。本場所で十両との対戦が組まれた幕下上位や、弓取り式、禁じ手を面白おかしく紹介する初っ切りを演じる力士にも許される。初土俵から10場所目で大銀杏姿になる御嶽海は「本当に関取の一員になったんだなという実感が湧くと思う」と話した。

頭頂部のまげのはけ先をイチョウの葉の形に整える

大銀杏の中心部をつくるための根ぞろえは、大銀杏を結う上で特に大事なプロセス

大銀杏の「たぶさ」を作る。元結で縛って頭頂部に載せる部分のことで、たぶさの前方をイチョウの葉の形に広げる

後頭部両側の膨らみをバランス良くつくる

30分弱で大銀杏を結い終えた床力は「（御嶽海は）髪が太めで癖がないためにつくりやすいけれど、最初なので緊張した」。取組後の支度部屋で十数人の記者に囲まれた御嶽海は「大銀杏（での相撲）は慣れないです」と感想を話しつつ「似合ってます？」。

気合の初日

初日
御嶽海 1－0 ○押し出し● **千代の国** 0－1

同じ突き押し相撲「負けたくなかった」

御嶽海が大銀杏姿での初戦を白星で飾った。相手は千代の国。4年前に入幕したが、攻め手の荒さもあって故障がちで前年は三段目まで番付を落としていた。再び上がってきた26歳に対し、23歳の御嶽海は「気合が入る一番だった。同じ突き押し相撲の相手。負けたくなかった」と前に出た。

立ち合いで上回り、突き押しで攻勢。右を深く差したが攻め切れず、右四つで動きが止まった。「決めきれないのは駄目。それでも、出るのが一番だと思った」。相手の強引な左上手投げに乗じて再び攻め込むと、足を運んで押し出した。

場所前は実戦的な稽古が積めなかったが、持ち前の身体能力の高さを生かし、攻め手で上回った。「まだ始まったばかり。慣れない大銀杏と一緒に白星を一日一日つなげていきたい」と話した。

今場所は師匠で日本相撲協会理事の出羽海親方が、腰の痛みで休養した審判部副部長の藤島親方（元大関武双山）の代役を務め、この日は審判長として土俵下に入った。御嶽海は「意識したし、師匠が勝負審判に入っている時は（出羽海親方が審判部に所属した今春までを含め）勝率が良いので」。大事な一番を落とさない勝負強さが光った。

初土俵から10場所目で関取だけが許される大銀杏姿に。23歳のホープは「うれしい。関取の仲間入りができた感じです」

千代《ちよ》の国《くに》

番付＝東前頭6枚目（自己最高位）
出身＝三重県
部屋＝九重
体格＝１８２センチ、１３８キロ
年齢＝26歳
初土俵＝２００６年夏
新十両＝11年名古屋
新入幕＝12年初
得意＝突き、押し、右四つ、寄り
先場所＝8勝5敗2休
【初顔合わせ】

2日目

御嶽海 2－0 ○上手出し投げ● 千代鳳 0－2

会心2連勝

「動けている、相手が見えている」

御嶽海が同じ年の千代鳳と当たるのは十両時代から6度目。5度目の正代、大翔丸を上回って最多となり、御嶽海は「手の内が少しずつ分かってきた」とする。立ち合いの圧力で負けず、右喉輪で上体を起こすと、素早くはたいて左に回り、バランスを崩した千代鳳の上手に手を掛け、出し投げで仕留めた。

千代の国を下した初日から、2日連続で九重部屋の関取との対戦。1992年生まれの御嶽海は、7月末に亡くなった前九重親方（元横綱千代の富士、91年引退）の現役時代を直に見ていない。ただ、大関千代大海（現九重親方）を育て、現在は関取6人を抱える九重部屋を率いてきた手腕は「すごいと思います」と敬う。

初日からの2日間、御嶽海は「動けているし、相手が見えている」と自己分析。「2連勝は気分が良いし、今後も自分の相撲を取って白星をつなげたい」と意気込む。夏巡業から場所前にかけて足に故障を抱え、ほぼ基本動作だけの稽古を重ね、今場所に突入した。「立ち合いは少しずつ強くなっている。あとはどう生かせるか」。静かに築いた自信を土俵でぶつける。

千代鳳《ちよおおとり》

番付＝西前頭4枚目
出身＝鹿児島県
部屋＝九重
体格＝179センチ、183キロ
年齢＝23歳
初土俵＝2008年夏
新十両＝12年春
新入幕＝13年夏
新三役＝14年夏
最高位＝小結
得意＝突き、押し
先場所＝9勝6敗
【前回の対戦】
2016夏　○下手投げ
（通算　4勝2敗）

御嶽海
「自分の相撲を取って白星をつなげたい」

立ち遅れても「自分のペースで」

3日目

御嶽海 ○ 寄り切り ● 玉鷲

3－0　1－2

3連勝の御嶽海

突き押しの威力が高い玉鷲を退け、初日から3連勝の御嶽海。支度部屋に戻ると、自分で淡々と勝因を語った。「立ち遅れ、突き押しをもろに受けた。でも、あごを上げないで背中を丸くして耐え、相手の体《たい》もうまくかわせた」。その通りの形勢逆転だった。

2度目で成立した立ち合い。御嶽海は顔に玉鷲の激しい攻め手を受けて後退したが、決して腰を浮かせず、土俵際で素早く左に回り込んだ。向き直った玉鷲の勢いを右差し気味に止めると、体ごと一気に寄り切った。

思ったような展開にならなくても動揺せず、自分の間合いで相撲が取れている。3横綱、4大関と初めて総当たりした先場所の経験から「上位陣は立ち合いの圧力、スピードが違ったな、と改めて実感する。今場所は相手が見えているし、ここまで順調。自分のペースでできている」という。

好発進の要因は、リオデジャネイロ五輪の日本勢から受けた刺激も影響している。競泳男子400メートル個人メドレー金メダルの萩野公介は、母校・東洋大の2学年後輩で親交がある。御嶽海は「公介に金（自身にとっては金星）を先に取られた。うれしかったし、自分ももっと頑張らないといけない」と思っている。

玉《たま》鷲《わし》

番付＝西前頭6枚目
出身＝モンゴル
部屋＝片男波
体格＝189センチ、169キロ
年齢＝31歳
初土俵＝2004年初
新十両＝08年初
新入幕＝08年秋
新三役＝15年春
最高位＝小結
得意＝押し
先場所＝9勝6敗
【前回の対戦】
2016初　○押し倒し
（通算　3勝）

初の4連勝ならず

4日目
御嶽海 3−1 ● はたき込み ○ 豪風 3−1

幕内で自身初となる初日からの4連勝はならなかった。過去2戦2勝と分が良かった37歳の豪風に敗れた御嶽海。朝稽古を終えた時点で「ベテランなので、3度目の今回はしっかり対策を練ってくるはず。でも、自分はしっかり自分の相撲を取りたい」と気を引き締めて臨んだが、及ばなかった。

警戒し過ぎ「足が止まった」

立ち合いは頭から当たり、すぐに左へ下がった豪風に付いていった。突き押しを繰り出し、なおも前進しようとしたところで、今度は素早く左へ回り込んだ豪風のいなしに体が泳ぎ、続くはたきで土俵を割った。「自分の姿勢が高かったし、さらに次の手があるかもしれないと警戒して、足が止まった」。相撲巧者の存在感と動きに屈した。

豪風は出身地で行われた8月中旬の夏巡業秋田場所に合わせ、幕内通算500勝や地元での慰問活動を評価され、秋田県民栄誉賞を授与されている。

御嶽海は5日目の15日、豪風と同じく尾車部屋に所属する関脇経験者で34歳の嘉風と初対戦する。「明日からまた自分の相撲を取って白星につなげたい」と御嶽海。場所前に実戦的な稽古不足を指摘されつつ、今場所と同様に初日から3連勝だった1月の初場所は、4日目から大崩れした。それだけに、15日間戦うための流れを意識し、仕切り直す。

豪《たけ》風《かぜ》

番付＝西前頭9枚目
出身＝秋田県
部屋＝尾車
体格＝171センチ、150キロ
年齢＝37歳（中大出、元学生横綱）
初土俵＝2002年夏
（幕下15枚目格付け出し）
新十両＝02年秋
新入幕＝03年春
新三役＝08年春
最高位＝関脇
得意＝突き、押し
先場所＝6勝9敗
【前回の対戦】
2016夏　○押し出し
（通算　2勝1敗）

「みたけうみー」エール熱く

大相撲秋場所が開かれている東京・両国国技館で連日、修学旅行で訪れた県内の小学生たちが御嶽海に声援を送っている。4日目は松本市寿、伊那市伊那東、手良、佐久市泉の4小学校の計約350人が観客席で横断幕を掲げたり、「みたけうみー」と声を張り上げたりして応援した。修学旅行シーズンと秋場所が重なり、各校が旅程に御嶽海の観戦を入れているという。

泉小の児童は画用紙で1文字ずつ「長野の英雄御嶽海」と掲げ、取組直前に「信州最強御嶽海」に早変わりさせた。御嶽海は豪風に敗れたが、同小6年小林虎白君（11）は「残念だけど、押していたので良い相撲だった。横綱になってほしい」とエールを送った。

土俵上で子どもたちの声がよく聞こえたという御嶽海は取組後、「みんなの声援を力にして自分の相撲を貫きたい」と表情を引き締めた。

引いて連敗

嘉風に差され、耐えきれず

日体大時代にアマチュア横綱の座に就いた34歳の嘉風と、12年後に同じタイトルを取った23歳の御嶽海の初顔合わせ。御嶽海は取組前から、他の学生相撲出身力士と対戦時に見せるのと同様、気合いのこもった仕切りの動作で強い対抗心をにじませた。

立ち合いは鋭く踏み込んだ。だが、突き押した腕を嘉風に下からあてがわれて突き放すことができず、右脇を差されて体が寄った。ここで引いたことで形勢が逆転し、後退。左へ回り込もうとしたが、腰が伸びて押し出された。

嘉《よし》風《かぜ》

番付＝西前頭筆頭
出身＝大分県
部屋＝尾車
体格＝176センチ、145キロ
年齢＝34歳
（日体大出、元アマチュア横綱）
初土俵＝2004年初
新十両＝05年名古屋
新入幕＝06年初
新三役＝14年夏
最高位＝関脇
得意＝突き、押し
先場所＝10勝5敗
【初顔合わせ】

嘉風とは、4月の春巡業佐久場所で元幕内大鷲の伊藤平さん（佐久市）に招かれた食事会で一緒になり、長野市にも共通の支援者がいる。遠い関係ではないが、勝負は別物だ。

「立ち合いの後が悪い。がまんが足りない。それだけ。引かず、前に出続けた方が良かった」。御嶽海は風呂から上がった支度部屋で、悔しさの残る一番の後はいつもそうするように、両目を閉じて質問に答えた。

前日の37歳豪風に続いてベテランに敗れ、「まだまだってことです」。思ったように調子が上がらない感覚があり、「もう一度、気持ちを整えて臨みたい」と前を向こうとしていた。

5日目

御嶽海 3－2 ● 押し出し ○ 嘉風 2－3

我慢の先に白星

6日目

御嶽海 4－2 ○ 押し出し ● 琴勇輝 4－2

耐えて最後は前へ　連敗ストップ

前日まで2日間、ベテラン力士に立て続けに敗れた御嶽海。前に出る本来の相撲を取り切れず、内容も悪かった。「昨日までは（優位ではない展開で）我慢が足りなかった」。琴勇輝を相手に3連敗を喫しても星はまだ五分だが、15日間を見据えると、良い流れをつくるためには落とせないと思っていた。

琴勇輝は同じ突き押しを武器に2場所前に新三役の関脇に就き、先場所も小結を務めた25歳の実力者。御嶽海は「立ち合いで踏み込まれた」が、上体を浮かせずに耐え、突き押しで応戦。いったん引きかけたが、「今日も我慢が足りないと、ずるずる（戦績が後退して）いくと思った」と再び前に出て押し出した。

初日から3連勝の後の連敗を2で止め、「（失速は）気持ちの部分だと思っていた。気持ちをしっかりしようと思っていた」と納得した。緊張感や重圧を抱えて日ごとに心身に疲労がたまり、幕内6場所目の御嶽海は4日目あたりから中盤戦にかけ、調子が上がらない傾向を課題と自覚する。

この日は部屋付きの中立親方（元小結小城錦）がテレビ中継の解説者を務めていた。日ごろの稽古を指導している中立親方は「場所前になると小さなけがをしている。けがをしない体につくり上げてほしい」と指摘。親方衆は、継続的な稽古で骨太な地力を備えることが、課題を克服する道だと背中を押している。

琴勇輝《ことゆうき》

番付＝西前頭8枚目
出身＝香川県
部屋＝佐渡ケ嶽
体格＝176センチ、172キロ
年齢＝25歳
初土俵＝2008年春
新十両＝11年秋
新入幕＝13年初
新三役＝16年夏
最高位＝関脇
得意＝突き、押し
先場所＝2勝13敗
【前回の対戦】
2016名古屋　○押し出し
（通算　2勝）

7日目

御嶽海 5－2 ○ 寄り切り ● **荒鷲** 3－4

電光石火の寄り

「調子が上がってきた」踏み込みに迷いなく

速攻相撲で寄り切った。御嶽海は十両同士だった昨年の秋場所以来、1年ぶりに荒鷲と対戦。「あの時のイメージは残っていた。僕はそういうのを忘れないので」。自身の上り調子もあって、モンゴル出身の30歳を全く問題にしなかった。

立ち合いから迷いなく踏み込んだ。まず右を差すと、荒鷲の逆の腕の甘さを逃さなかった。「右四つが得意の相手。自分の左腕を固めていった。それで、左も下からうまく入った」。もろ差しに成功し、出足を止めずに前進。「一気に出るのが自分の相撲」とそのままの勢いで寄り切った。

前日、先場所まで三役を2場所務めた琴勇輝に勝ち、3連敗を回避。この日、好内容の取り口で2連勝したが、「まだ中盤戦。流れを取り戻したかどうかは明日の中日が終わってから判断したい」と慎重だった。中日の18日は好調の隠岐の海と初めて対戦するが、御嶽海は取組相手を当日朝になるまで知ろうとしないため、言及はなかった。

朝稽古では、てっぽうやすり足の量が増え、尻の筋肉に盛り上がりも出て「調子が上がってきた」と話す。師匠の出羽海親方ら親方衆は、本場所だけに照準を合わせるように調子を上げても、継続的な厳しい稽古が不足している御嶽海の将来を懸念するが、今場所もすべて本番に懸ける「御嶽海らしさ」が発揮されようとしている。

荒《あら》鷲《わし》

番付＝東前頭10枚目
出身＝モンゴル
部屋＝峰崎
体格＝185センチ、131キロ
年齢＝30歳
初土俵＝2002年九州
新十両＝11年名古屋
新入幕＝14年夏
最高位＝前頭8枚目
得意＝右四つ、寄り、上手投げ
先場所＝9勝6敗
【前回の対戦】
2015秋　○押し出し
（通算　2勝）

8日目

御嶽海 5−3 ● 寄り切り ○ 隠岐の海 7−1

初顔の立ち合い、隠岐の海の張り手

意表突かれた

歯車が狂ったのは、立ち合いの瞬間だった。「手を張り手気味に出された。ベテランのうまさです」。御嶽海は、31歳の隠岐の海の右張り手で視界を遮られ、意表を突かれた。「自分の立ち合いができなかった」。そこからは2横綱、3大関を破って今場所好調の隠岐の海の流れとなった。

御嶽海は突き押しを前面に出せず、左を差し、左四つを防ぐために右おっつけで前進を試みた。だが、締めの甘い右脇を隠岐の海にこじ開けられ、御嶽海が前に出るほど体が寄って差し手が深く入った。「自分の右がバンザイしていて、何が何だか分からなかった」。逆側の上手も与えると、寄りに腰が伸び、土俵を割った。

「強かったです…」。大銀杏を初めて結った場所で5勝2敗と順調な23歳のホープと、快進撃を見せる隠岐の海の初顔合わせは中日の好取組。館内は仕切りの時点から沸いていた。朝稽古では、師匠の出羽海親方から左四つに警戒するように助言をもらった。周囲から注目されるほど気合が入るタイプだけに「対戦が楽しみ」としていたものの、大きな白星はつかめなかった。

「動きは悪くないと思う。あと7日間ある。しっかり自分の相撲を取って、星を伸ばしたい」。5勝3敗に後退したが、気持ちを切り替え、思い描く来場所の新三役に前進するため、10勝以上を狙う。

隠岐《おき》の海《うみ》

番付＝東前頭筆頭
出身＝島根県
部屋＝八角
体格＝１９１センチ、１６２キロ
年齢＝31歳
初土俵＝２００５年初
新十両＝09年春
新入幕＝10年春
新三役＝13年夏
最高位＝関脇
得意＝右四つ、寄り
先場所＝8勝7敗
【初顔合わせ】

隠岐の海

(初顔合わせの御嶽海を退けて連敗を免れ)「勝ちたい気持ちが先行し、楽をしてしまった。良くない相撲ですね」

9日目

御嶽海 6−3 ○ 寄り切り ● 貴ノ岩 3−6

動いて攻めて6勝目 「次につながる」充実感

御嶽海は立ち合いで鋭く踏み込み、激しい突き、押しを連発。「相手にも踏み込まれたけれど、右手が伸びてくれて良かった」と、右喉輪で貴ノ岩の上体を起こした。

右腕が伸びすぎて無防備に開いた自身の脇に貴ノ岩の差し手がかかり、利用されそうになったため、「とっさだった」といったん後退。まわしを与えずに土俵際まで下がってから左に回ると、休まずに左はず押し、右差しで反転攻勢。足もよく出て、体をぶつけるようにして寄り切った。

貴ノ岩は先場所（7月の名古屋場所）で敢闘賞に初選出され、今場所は東前頭3枚目へと自己最高位を上げた26歳の成長株。御嶽海は長い四つ相撲に持ち込まれた先々場所（5月の夏場所）のような展開を避けようと意識し「体が動いてくれました」。スピード相撲で貴ノ岩戦3連勝とした。

9日目を終えて6勝3敗の戦績は、10勝5敗で終えた3月の春場所と並んで自身2番目に良いペースの勝ちっぷり。立ち合いの圧力で横綱、大関陣に歯が立たなかった先場所と違い、自分の相撲が取れている実感がある。「（前日の隠岐の海戦から）切り替えもしっかりできた。負けても、気持ち良い負けで次につながる。充実しています」と口調も滑らかだった。

貴《たか》ノ岩《いわ》

番付＝東前頭3枚目（自己最高位）
出身＝モンゴル
部屋＝貴乃花
体格＝181センチ、148キロ
年齢＝26歳
初土俵＝2009年初
新十両＝12年名古屋
新入幕＝14年初
得意＝右四つ、寄り、投げ
先場所＝12勝3敗
【前回の対戦】
2016夏　○寄り切り
（通算　3勝）

鋭い踏み込み、突き、押し

立ち遅れにも対応

10日目

御嶽海　7－3　○　寄り切り　●　勢　5－5

人気力士対決、10日目で7勝目

人気力士の29歳の勢に対し、順調な出世ぶりで負けずに声援を集める23歳の御嶽海。2度目の対戦となったこの日、御嶽海は動きの速さを生かした寄り切りで再び勝ち、満員御礼の館内から大きな拍手と歓声を浴びた。

呼吸が合わず、立ち合いは2度目で成立した。立ち遅れ、勢の右かち上げを受けた御嶽海は後退したものの、勢の攻めの荒さに乗じて差した左を生かした。右小手投げにも差し手を突きつけるようにして残し、下から相手の重心を浮かして、右喉輪で足を運んで寄り切った。

「立ち遅れはだめ。でも、小手投げに来たら（反応する）というイメージはあった。体がちゃんと動いてくれた」と手応えを感じる。10日目に7勝目を挙げて「ぼちぼちという感じ。自分の相撲が取れているから、しっかり勝ち越していきたい」と気を引き締めた。

11日目は先場所で初挑戦し、大関戦初白星を挙げた照ノ富士と再戦。御嶽海は先場所まで幕内在位5場所で、11日目から千秋楽まで5日間の勝率が6割4分（16勝9敗）と安定している。終盤戦に強いホープが、勝ち越しが懸かった土俵で2場所連続の番狂わせを狙う。

勢《いきおい》

番付＝西前頭7枚目
出身＝大阪府
部屋＝伊勢ノ海
体格＝１９５センチ、１７０キロ
年齢＝29歳
初土俵＝２００５年春
新十両＝11年九州
新入幕＝12年春
新三役＝14年九州
最高位＝関脇
得意＝右四つ、寄り
先場所＝5勝10敗
【前回の対戦】
２０１６名古屋　○寄り切り
（通算　2勝）

11日目

御嶽海 ８－３ ○ 外掛け ● 照ノ富士 ４－７

２場所連続で大関倒す

「体が動く」絶妙な外掛け

２場所連続で大関照ノ富士を破った御嶽海は、「先場所のことは考えず、今場所は今場所なんだと思って臨んだ」。挑戦者の立場を忘れず、１９２センチ、１８５キロと大きい相手の懐に入り、重心を浮かせる作戦に集中した。

立ち合いで勢い良く踏み込み、「狙い通りだった」と左を深く差して前進。あてがわれた右を払うと、照ノ富士は御嶽海の左腕を抱えたまま、強引な小手投げを打った。「小手に振ってくるのは分かっていた。足掛けに出たら、自分の体が上手く反応してくれた」と御嶽海。左外掛けで豪快に倒した。

２０１５年３月の初土俵から１２８戦目で、外掛けは自身初の決まり手。「足技は大学時代、土俵脇で相撲を遊びで取っている時にやったくらい」。今場所は故障で実戦的な稽古が不足していたが、「体が動いているのは、自分でも驚いている」。調子を本番に合わせる高い能力を示す。

昨夜、母校・東洋大時代から親交のある競泳男子の萩野公介、陸上男子の桐生祥秀と共に、浅草の鉄板焼き店に。リオデジャネイロ五輪でメダルを獲得した在学中の後輩２人の活躍を祝ってごちそうした。この日は土俵で結果を出し、プロの背中を後輩たちに見せた。

「良い感じで勝った。ここからさらに波に乗っていける」。視野に入れるのは２桁勝利と、来場所での新三役昇進だ。実現すれば、元関脇の高登（下伊那郡喬木村出身）が西小結だった１９３６（昭和11）年１月以来、80年ぶりに県出身三役力士が復活する。

今場所初の大関戦で8勝目を挙げて2場所ぶりの勝ち越し。幕内6場所目で11日目の勝ち越しは、11勝4敗で敢闘賞に初選出された5月の夏場所と並んで自己最速

照《てる》ノ富士《ふじ》

番付＝西大関
出身＝モンゴル
部屋＝伊勢ケ浜
体格＝１９２センチ、１８５キロ
年齢＝24歳
初土俵＝２０１１年５月技量審査
新十両＝13年秋
新入幕＝14年春
新三役＝15年春
大関昇進＝15年名古屋
得意＝右四つ、寄り
先場所＝８勝７敗
【前回の対戦】
２０１６名古屋　○押し出し
（通算　２勝）

御嶽海（残り4日間に向け）「調子は悪くなく、自分の相撲を取るだけ。ここまで来たら勝ち星を2桁に乗せたい」

八角理事長（元横綱北勝海）「御嶽海は幕内に慣れてきた、馴染んできたというのかな。上位を押せるようになってきた。下がって勝っても力が付いたとは思わない。前に出て勝てるようになると安定感が出る。1歩目の馬力があれば、前に出て押し勝てる」

12日目
御嶽海 8－4 ● 寄り切り ○ 遠藤 10－2

集中力欠き、遠藤の圧力に屈す

御嶽海と遠藤はともに、現行制度で3人しかいない幕下10枚目格付け出しでデビューし、スピード出世で相撲人気を盛り立てている。3度目の対戦は、御嶽海が8勝3敗、遠藤が9勝2敗とそろって好調な中で迎えた。

祝日の好取組に満員御礼の館内は仕切りの段階から沸いたが、決着はあっけなかった。御嶽海は立ち合いの圧力で上回れず、突き押しの応酬から締めの甘い右脇を差され、逆側は相手に右上手を与える負けパターンの左四つで寄り切られた。

3度目の対戦は完敗

「立ち合いがだめ。集中していない。土俵に上がる前からそういう感覚があった。昨日勝ち越して気の緩みがあった」。顔面同士が激突した立ち合いの衝撃で「覚えているのは突き押しの2、3発目だけ。あとはもう土俵に出ていた」という。

この日の朝稽古後、音を立てて降る秋の長雨に「雨は嫌だ。体が重く、疲れを感じる」と漏らしていた。2桁勝利を狙うと公言するが、集中力を切らさず15日間戦うのは幕内6場所目の23歳にとって容易ではない。

12日目を終えて8勝4敗は、11勝4敗で三賞初受賞した5月の夏場所と同じペース。今場所は夏場所よりも番付が高いため、残り3日間の相手のレベルも上がって楽ではないが、「気を引き締めて白星をつなげたい」と話した。

遠藤（屈指の人気者が2敗を守って優勝争いに残り）「いいんじゃないですか」

遠《えん》藤《どう》

番付＝東前頭14枚目
出身＝石川県
部屋＝追手風
体格＝184センチ、154キロ
年齢＝25歳（日大出、元アマチュア横綱、国体横綱）
初土俵＝2013年春（幕下10枚目格付け出し）
新十両＝13年名古屋
新入幕＝13年秋
最高位＝前頭筆頭
得意＝突っ張り、左四つ、寄り
先場所＝3勝12敗
【前回の対戦】
2016夏 ●寄り切り
（通算 1勝2敗）

13日目

御嶽海 9－4 ○ 押し倒し ● 高安 10－3

2敗高安をなぎ倒す

苦手の左四つで我慢　豪栄道を「援護射撃」

御嶽海が高安に押し倒しで3敗目を負わせ、優勝争いから引きずり降ろした。注目を集める26歳の新関脇に勝ちたいだけで、士気が高かったわけではない。同じ出羽海一門の境川部屋に所属する大関で、初優勝に向けて全勝街道を走る豪栄道を「援護射撃したい」という狙いが心中にあった。

鋭く当たったが、展開は苦手な左四つ。それでも「動きを止め、まわしを取られたら駄目。封じ込めようと思った」と力強い右おっつけで上手を与えなかった。苦しくなった高安のはたきに乗じて前進し、もろ差しに成功。体を密着させると右はず押しで相手の重心を浮かせ、豪快に倒した。

審判長に入って土俵下から見守った師匠の出羽海親方は「内容が良かった。苦しい体勢でも我慢してつかんだ白星。価値がある」と評価した。

御嶽海は幕内下位同士で初対戦した前年の九州場所で高安に快勝した。高安はそこから先場所で3度目の小結に返り咲き、今場所は新関脇。来場所は大関昇進に挑む。御嶽海は角界関係者から「母親がフィリピン出身という共通点を持つ御嶽海に敗れたことが、高安の発奮材料の一つになった」と聞かされている。

御嶽海は高安との4度目の対戦を終え、「力が強くなっている。今場所当たった中で一番の強さ。そりゃあ、優勝争いするわと思います」とたたえた。ただ、自身もその相手に力負けせず粘り勝ち。「自分の調子も良いので自信になる。残り2日間も、自分の勝利に集中したい」と話した。

高安《たかやす》

番付＝東関脇（自己最高位）
出身＝茨城県
部屋＝田子ノ浦
体格＝186センチ、177キロ
年齢＝26歳
初土俵＝2005年春
新十両＝10年九州
新入幕＝11年名古屋
新三役＝13年秋
得意＝突き、押し
先場所＝11勝4敗
【前回の対戦】
2016夏　●突き落とし
（通算　2勝2敗）

高安（3敗目を喫し、わずかに残った初優勝の夢が消滅）「弱いから負けました。以上です。相手が強かった」

歓声響く中、下伊那郡喬木村に伝わる和傘「阿島傘」を差して会場入りする御嶽海。会心の相撲で勝った験の良い傘を帰りも差し「使い心地がいいですね」

14日目

御嶽海 9－5 ● 寄り切り ○ 琴奨菊 9－5

がぶり寄りに完敗

2桁勝利はお預け

御嶽海は立ち合いで突き放せず、琴奨菊が得意とし、自身は負けパターンの左四つに組み止められた。胸を合わされ、苦しい展開。左のかいなを返した琴奨菊の寄りを懸命にこらえるのが精いっぱいで、最後はがぶり寄りに土俵を割った。

「いやあ、だめですね。立ち合いは当たれていたけれど、相手が1枚も2枚も上手。力が強く、組まされてしまった」。先場所は自ら引いて勝機を逃した惜敗だったものの、今場所は完敗。新三役に大きく前進する2桁勝利はお預けとなった。

風呂から上がった支度部屋では、テレビで同じ出羽海一門の境川部屋に所属する豪栄道の初優勝を見守った。「同じ一門だし、めっちゃうれしい。豪栄道関が高校の時もテレビで見ていた。立ち合いが低いし、負けそうな展開の中での必死の首投げとか、ほれぼれする」と喜んでいた。

琴奨菊《ことしょうぎく》

番付＝西大関
出身＝福岡県
部屋＝佐渡ケ嶽
体格＝１８０センチ、１８２キロ
年齢＝32歳
初土俵＝２００２年初
新十両＝04年名古屋
新入幕＝05年初
新三役＝07年春
大関昇進＝11年九州
得意＝左四つ、寄り
先場所＝1勝6敗8休
【前回の対戦】
２０１６名古屋　●押し出し
（通算　2敗）

右手の使い方を工夫

千秋楽
御嶽海 10－5 ○ 寄り切り ● 宝富士 4－11

突き押し改善　出足にも好影響

御嶽海は立ち合いの圧力不足を痛感した先場所を終え、「右手の使い方を改める」と決断した。

2015年3月の初土俵以来、突き押しで右の手のひらが本来よりも外側を向き、それによって肘が開き、脇の締め方が甘くなる取組が散見された。右脇を差され、負けパターンの左四つを相手に許してしまう原因にもなっていた。

相手が平幕力士までだったら「右手の使い方が悪くても、腕を伸ばせていた」といい、押し込めた。しかし、先場所で初対戦した横綱大関陣は「立ち合いの圧力が強すぎて、右腕が伸びなかった」。手のひらの向きを内側に戻し、肘を絞る基本の形に修正すると決めた。

東洋大2年の夏、右手のひらの小指側を骨折した。完治した後も「無意識にかばってしまい、突き押しで手の親指側を前に出すようになった」。それが原因だった。

夏巡業から場所前にかけ実戦的な稽古は積めなかった。基本動作のすり足やイメージづくりの中で静かに修正を進めた。

千秋楽。御嶽海は得意の左を差そうとする宝富士の動きを「しっかり封じ込められた」。脇をよく締めた右はず押しから、もろ差しとなって前に出ると、土俵を回って逃れる相手を寄り切った。

師匠の出羽海親方は「今場所、右腕がしっかり伸びている相撲が多い」と評価した。肘を絞り、脇が開きにくくなったことで前に出る動きも力強く、ぶれが少なくなった。

武器の踏み込みの考え方も整理した。5月の夏場所で約200キロの臥牙丸に4度目の対戦で初めて勝った一番を参考に「四つ相撲や巨漢相手なら1歩目を大きくして受け止める。相手が押し相撲なら1歩目を小さく、2歩目を大きくして勢いをつける」と決めた。

「今場所は（故障で身体的な）準備ができていなかったが、意外と踏み込めていたし、立ち合いは少しずつ向上している」。10勝は、工夫をこらした成果だった。

宝《たから》富《ふ》士《じ》

番付＝西関脇
出身＝青森県
部屋＝伊勢ケ浜
体格＝186センチ、165キロ
年齢＝29歳（近大出）
初土俵＝2009年初
新十両＝10年秋
新入幕＝11年名古屋
新三役＝15年名古屋
得意＝左四つ、寄り
先場所＝10勝5敗
【前回の対戦】
2015九州 ●送り出し
（通算　1勝1敗）

新三役濃厚に

御嶽海は秋場所を10勝5敗の好成績で終え、次の九州場所での新三役昇進が濃厚となった。新番付は10月31日に発表される。

御嶽海は千秋楽で西関脇の宝富士に寄り切りで勝った。大銀杏を初めて結い、自己2番目に高い番付で臨んだ今場所は初日から3連勝。連敗は一度しかなく、11日目に大関照ノ富士に2場所連続で快勝し、13日目に優勝争いに加わっていた東関脇の高安を破った。場所前は故障で実戦的な稽古が不足したが、持ち前の調整力と相撲勘を発揮した。

長野県出身の新三役は、実現すれば元関脇高登（下伊那郡喬木村出身）が東小結に昇進した1932（昭和7）年2月場所以来、84年ぶりの誕生となる。

「総監督」死去乗りこえて

「総監督に良い報告ができる」。価値ある2桁勝利を収めた千秋楽の支度部屋で、御嶽海は語った。総監督とは、母校・東洋大の相撲部を率いた田淵順一総監督。8月28日、75歳で亡くなった。

御嶽海を学生横綱、アマチュア横綱のタイトル獲得から角界入りへと導き、父の春男さん(67)は「大学時代、自分たち親以上に久司がお世話になった方」と感謝する。

御嶽海は8月29日、外出先で逝去の知らせを受けた。動揺を抑えていたが、やがて目頭を覆うと、声を上げて泣いた。

東洋大時代、地方で大会が終わると部のバスに乗らず、田淵総監督が運転する車の助手席に乗って帰るのが恒例だった。常務理事として大学運営に携わり、スポーツに理解が深かったという田淵総監督。「教わったのは相撲だけでなく、人間性や人間関係。つながりを持った人は大切にしろと」。それは角界生活にも欠かせない要素となった。

御嶽海は今場所に向け、万全な状態ではなかった。夏巡業で左足、場所前に右足裏に痛みを訴え、実戦的な稽古を回避。7月の名古屋場所は「振り返ると、やはり疲れていた」といい、3横綱4大関と初めて総当たりした場所の消耗を引きずった。

そのまま突入した今場所15日間。御嶽海は「総監督が亡くなり、いつも以上の力が出ると思ったけれど、そうじゃなかった。自分が落ちこんでいたら、『何をやっているんだ』と言われるはず。生前から『相撲がお前の仕事だ』と言われていたから」と、冷静に目前の一番に集中した。

場所中「新三役昇進を意識して、硬くなっていた」と重圧とも戦った。ただ、トーナメント形式の学生相撲でもまれた経験から「自分には、1回負けたら終わりという、アマチュアの精神があった。調子は戦いながら上げていくものだったから」。終盤戦の安定感は今場所も際立った。

亡くなった総監督には、近日中に来場所での新三役昇進を濃厚とした報告の線香を上げにいくつもりだ。

元幕内大鷲・伊藤平さん語る

遠藤や正代、好敵手になる

大銀杏を初めて結った場所での幕内10勝は大したもの。後半戦は11日目に大関照ノ富士を2場所連続で破った。相手の状態が悪かった面はあるが、大関に一つ勝てれば上出来。13日目の新関脇高安にも左を差して胸を合わせつつ、右を力強くおっつけて勝った。何度見ても、勝負勘が良い。

高安戦の翌日に対戦した大関琴奨菊にも同じように勝とうと思ったのか、左を差した。だが、琴奨菊は格が違う。左差しじゃなく、左はず押しが望ましかった。今場所は体が動いていたから白星を重ねられたが、策に溺れず、自分の突き押し相撲を体で覚えるように稽古に励んでほしい。

下半身を鍛え、もっと尻の盛り上がりが出てくればいい。技能賞に選出された遠藤との一戦は完敗した。遠藤は体勢が低く、下から来ていた。正代を含めて、やはり将来の良いライバルになる。

千秋楽に開かれた三賞選考委員会では、候補に御嶽海の名前が挙がらなかったようだ。委員を務める審判部の親方衆や記者クラブ、協会後援者の人たちは、本場所の結果だけではなく、稽古や巡業での姿勢も見ている。周囲に良い印象を持たれるようになれば、土俵人生のプラスになる。

御嶽海　新小結に

長野県出身新三役84年ぶり　所要10場所の早さ

九州場所の新番付発表

御嶽海は東小結に昇進し、初めて三役に。長野県出身の新三役の誕生は、元関脇の高登（下伊那郡喬木村出身）が東小結に昇進した1932（昭和7）年2月場所以来84年ぶり。「素直にうれしい。ここまで順調に来た。長野県から84年も（新三役が）出ていなかったと聞いてびっくりした」（10月31日）

「気負わず」「同世代に負けたくない」

御嶽海「三役になるのは、もっと時間がかかると思った。地元で御嶽山の噴火災害もあった中で、またこうして記録をつくれて良かった。大きくなる期待に応えられるように頑張り、成績を残したい。ここより上のことは今は考えていないが、また新たなスタート。白星をつなげて、挑戦を続けていきたい」

出羽海親方「出世は早い方。大きなけがもなく、体も大きくなっている。三役になったのだから、部屋だけでなく、出羽海一門や（日本相撲）協会としても、頑張ってもらいたいと思っている」

父の春男さん「まさか本当に小結になるとは。これからは番付が上がったり、下がったりだと思うが、一つずつ勝ち星を拾ってほしい」

母のマルガリータさん「うれしいのは間違いないが、上位の力士を相手にけがをしないことだけを願っている」

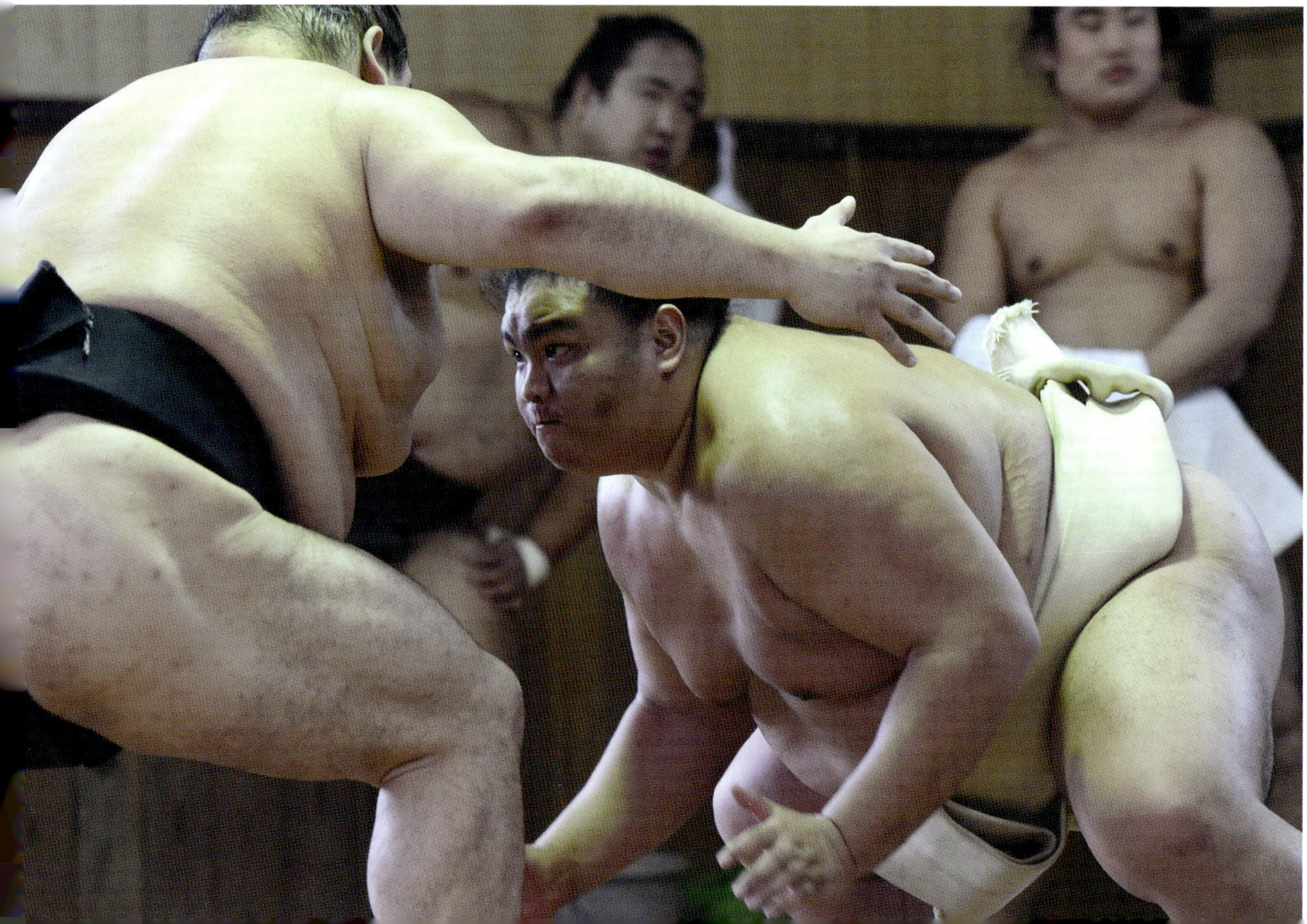

上位陣総当たり見据えて立ち合いを意識

福岡県新宮町の宿舎で部屋での稽古を再開。3横綱4大関との2度目の総当たりを見据え、朝稽古で出羽凰（左）にぶつかる（11月1日）

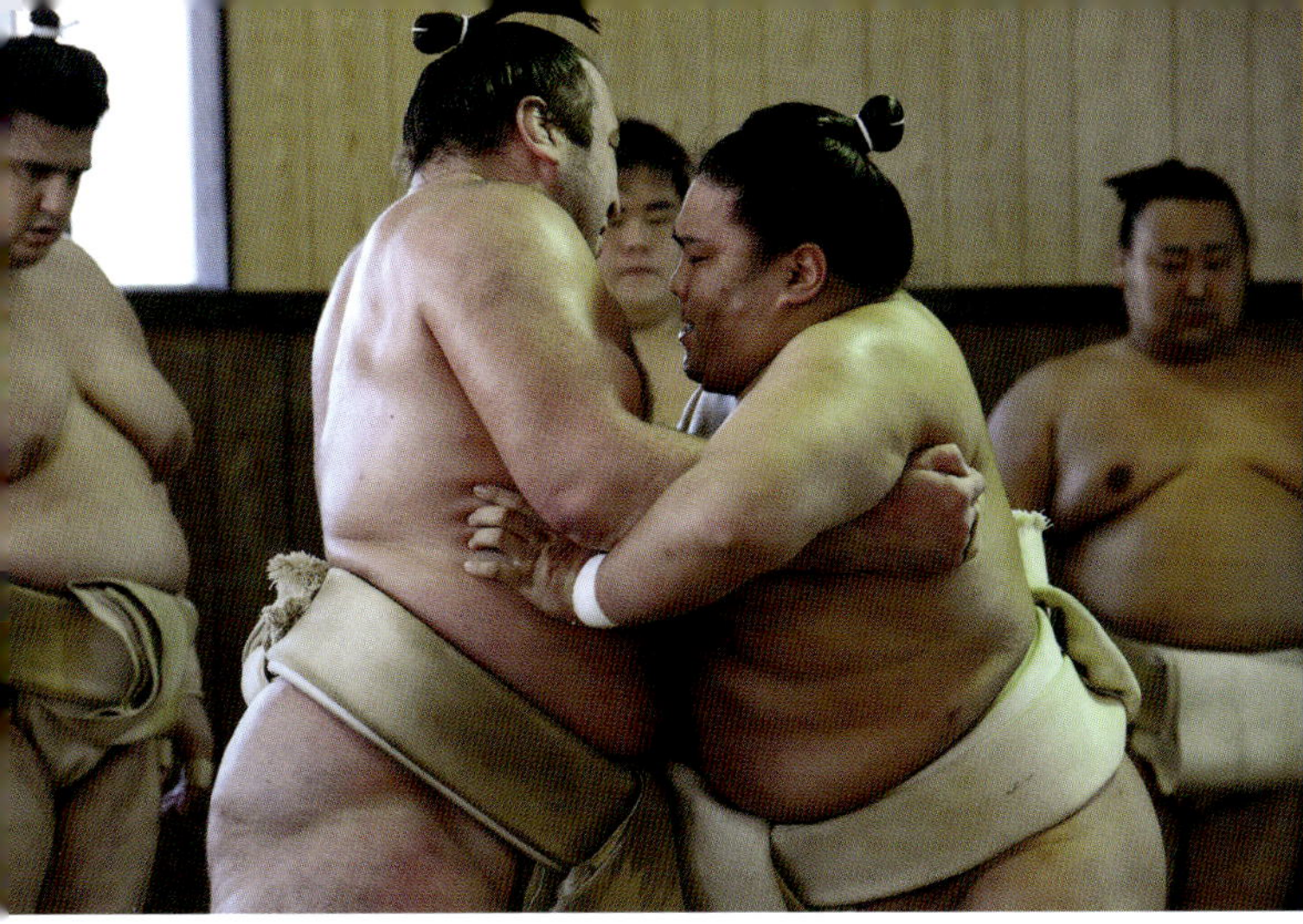

春日野部屋の栃ノ心（左）との稽古で苦しげな表情の御嶽海（11月3日）

連合稽古に参加した御嶽海（右から2人目）は、栃ノ心（左）に手を挙げて対戦指名を求める（11月3日）

稽古場に掛かる名札も小結になった（11月3日）

小結御嶽海に熱い視線。多くのファンが九州場所宿舎に詰めかけ、真剣な表情で連合稽古を見つめる（11月3日）

出羽海部屋に出稽古に訪れた松鳳山の「自分撮り」に加わる（11月2日）

ファンから辛子めんたいこを差し入れられて笑顔の御嶽海（11月3日）

エノキタケ生産・販売などのマルヨ（中野市）の松島栄太郎社長から贈られた藍色の新しい締め込みを手にする御嶽海（11月8日）

入門1年9カ月…出羽海部屋再興の力に

御嶽海は前年1月下旬の入門会見で出羽海部屋を選んだ動機をこう説明した。「出羽海親方から『部屋を再興するため、力を貸してほしい』と言われ、意気に感じた」。それから1年9カ月。スピード出世を続ける23歳は、部屋再興に大きくつながる新三役となった。

日本相撲協会の規定で、三役を1場所以上務めた力士は、引退後に親方となるために必要な「年寄名跡」（貴乃花などの一代年寄を除いて数は105）を取得する資格基準に達する。三役になれないと、例えば、平幕と十両を通算30場所以上務めなければならない（28場所以上で認められる場合もある）が、御嶽海は新十両場所から8場所を終え、三役となって早くも資格基準に達する。

伝統のある出羽海部屋は、50年前の1966（昭和41）年9月時点で、16人もの親方が在籍。時津風部屋の13人を上回り、角界最多だった。現在でも角界で多い方の5人が在籍するものの、出来山親方（元関脇出羽の花）が65歳の定年を今年迎え、山科親方（元小結大錦）も63歳と若くない。部屋後援者の中には出羽海親方（48）、中立親方（45・元小結小城錦）、高崎親方（40・元幕内金開山）に続く世代の親方として、御嶽海に部屋を維持していってほしいとの思いがある。御嶽海もそれを理解している。

この「年寄名跡」の襲名には協会理事会の承認が必要となる。理事会は、番付の資格基準のほかに「巡業、花相撲への貢献度」「指導力の有無」などを踏まえて是非を決める。

御嶽海は10月30日まで参加した秋巡業で、体の痛みを訴えて稽古の土俵に上がらず、上位陣や巡業部の親方衆から注意を受けた日が複数あった。土俵に上がらない関取衆が他にもいた中で、入門2年目の御嶽海が注意を受けるのは「角界の一員としての期待の証し」（角界関係者）とも取れる。

負けたら終わりの学生相撲で培った調整ペースで、本場所に全てを注ぐ御嶽海。中学を卒業してから日頃の稽古で骨太な地力をつけ、たたき上げで名をはせた先輩が少なくない角界の中で、自分を見失わず、かつ周囲に求められる「姿勢」とどう折り合いをつけて行動するか。ホープの成長は部屋の再興にとどまらず、次世代の角界にも影響する。

初日迷った新小結

立ち合い当たり負け、鶴竜に完敗

新三役場所は黒星スタートとなった御嶽海。鶴竜に立ち合いの1歩目で自身の2倍の歩幅を踏み込まれ、当たり負けした。低い姿勢から繰り出される横綱の強烈な右喉輪を受けて上体が大きくのけ反ると、はたきで形勢逆転を狙ったが、距離を詰められて不発。何もできずに押し出された。

東前頭筆頭だった7月の名古屋場所に続き、今場所は3横綱とのそれぞれ2度目の対戦が見込まれる。鶴竜には10月23日の秋巡業松山場所で稽古相手に指名され、何番も相撲を取った。「稽古をつけてもらったら、結果で恩返ししないといけなかった。全然、成長していない」と反省した。

立ち合いの当たり負けは、巡業の稽古中に鶴竜の脇を差して押し込んだ相撲があり、その成功体験が影響したようだ。「差そうか、突き放そうか、迷った。手が中途半端になった」。初対戦で敗れた名古屋場所でも左を差して中に入り、土俵際まで押し込んでいた。

「今日は相手が見え過ぎていた」と、上位陣との対戦でも緊張で硬くなった気配はないが、経験値を自分の相撲に生かせなかった。

母校・東洋大カラーの「鉄紺」色という新しい締め込みを着けての初白星もお預けとなった。ただ、支度部屋で報道陣に「似合ってましたか？」と反応をうかがうなど、黒星発進にも大きく落胆していない。「今日は自分の問題。修正は大丈夫。新三役といっても普段通り臨むだけ」と話した。

鶴《かく》竜《りゅう》

番付＝西横綱
出身＝モンゴル
部屋＝井筒
体格＝186センチ、155キロ
年齢＝31歳
初土俵＝2001年九州
初十両＝05年九州
新入幕＝06年九州
新三役＝09年夏
大関昇進＝12年夏
横綱昇進＝14年夏（第71代）
得意＝右四つ、下手投げ
先場所＝10勝5敗
【前回の対戦】
2016名古屋　●寄り切り
（通算　2敗）

「協会御挨拶」で、向正面を向いて土俵に立つ御嶽海（中央）

協会御挨拶の「初土俵」

新三役の御嶽海は、日本相撲協会の八角理事長（元横綱北勝海）が初日と千秋楽に合わせ、中入り前に三役以上の力士（11人）を従えて述べる「協会御挨拶」の土俵に初めて上がった。

東小結の御嶽海は、新調した藍色系の締め込み姿で、西小結の玉鷲とともに一団の最後尾3列目に並んだ。今年で60回目を迎える九州場所の開催に感謝を述べる八角理事長のあいさつを直立不動で聞いた後、四方にみんなとそろって頭を下げた。

御嶽海は「あいさつとか、慣れないことがいっぱいあった。緊張しました」と感想を話した。

初日

御嶽海 0－1 ● 押し出し ○ 鶴竜 1－0

2日目

御嶽海 1－1 ○ 肩透かし ● 琴奨菊 1－1

突き押し封印、稽古のイメージ体現

新三役の御嶽海が初白星を挙げると、場内からは歓声ではなく、大きなため息が上がった。その理由は勝った相手がご当地力士、福岡県出身の琴奨菊だったからだ。32歳の大関は仕切りの段階から声援を受けていたが、御嶽海は「集中していたので、琴奨菊関への声援も聞こえなかった」。

過去2戦2敗の琴奨菊に、3度目も負けるわけにはいかなかった。相手の得意は左四つからのがぶり寄り。御嶽海は立ち合いで右脇を固めて左にずれ、琴奨菊の左差しを完封。しっかりと踏み込んで右を差すと、上体の起きた相手と右の攻防でも優勢を保ち、もろ差しに成功。素早く回り込みながら肩透かしで仕留めた。

巧みな取り口は、部屋の朝稽古で元十両の幕下出羽鳳と話し合いながら胸を出してもらい、イメージをつくった。出羽鳳は高知・明徳義塾高で琴奨菊の2学年下に当たり、古くから琴奨菊の特徴を知っている。御嶽海は取組後、「体が反応してくれた。本当は自分の突き押し相撲を取りたいと思った」と述べたが、実際は稽古でのイメージ通りだったようだ。

横綱、大関との総当たり場所は2度目。「今日は冷静に大関が見え、ああいう結果になった」。経験値を上げていることで視野は広い。「取組の場内アナウンスで小結と呼ばれるのがうれしい」とも言い、いっぱいいっぱいではない精神状態で持ち前の相撲勘と勝負強さを生かしている。

この日、テレビ中継の解説者を務めた出羽海部屋付きの中立親方（元小結小城錦）からは「立ち合いで一つ押す感じで取れていない。もろ差しなどで何とか勝っている。もう少し勉強を」と注文された。将来性を見込んでの言葉ということは、23歳の御嶽海も分かっている。

琴奨菊《ことしょうぎく》

番付＝東大関
出身＝福岡県
部屋＝佐渡ヶ嶽
体格＝180センチ、182キロ
年齢＝32歳
初土俵＝2002年初
新十両＝04年名古屋
新入幕＝05初
新三役＝07年春
大関昇進＝11年九州
得意＝左四つ、寄り
先場所＝9勝6敗
【前回の対戦】
2016秋 ●寄り切り
（通算 1勝2敗）

取組前に掲げられた「伊那華」の懸賞旗。御嶽海の取組に「南信州」の文字を添えた新たな懸賞旗を出している下伊那郡阿智村昼神温泉の旅館経営者の上原政起さん（80）はテレビで観戦し、「素晴らしい。なんとも褒めようがない」

大関撃破 幕内通算50勝目

押しあと一歩

3日目

御嶽海 1−2 ● 首投げ ○ 高安 2−1

高安から首投げ喫し「自分のミス」

「相手が粘ったというよりも、完全に自分のミス」。高安を終始攻めながら、首投げで逆転負けを喫した御嶽海は、悔しさをあらわにした。

立ち合いから高安の突っ張りを右からおっつけて攻勢。いなして相手の体勢を崩し、はず押しで前進した。土俵際まで追い込むと、右を差して土俵外に出す寸前まで行った。

しかし、ここで「足がついていかず、滑って、右の差し手が深く入り過ぎた」。体が伸びて両足もそろったところで、高安に首投げを打たれた。

「結果を残さないと。良い相撲を取っただけじゃ…」。三役で2場所連続の2桁勝利を挙げ、今場所は大関昇進に挑戦する高安を押し込む好内容にも反省しきりだった。

「高安関の（圧力の）重さはこれまでより感じなかった。動きは悪くない。まだまだこれから」。気持ちを切り替え、4日目は、今場所で高安以上に注目を浴びる綱とり場所の豪栄道に挑む。

高安（土俵際で逆転の首投げを決め）「まだ余裕があって、慌ててはいなかった」

高《たか》安《やす》

番付＝東関脇
出身＝茨城県
部屋＝田子ノ浦
体格＝186センチ、177キロ
年齢＝26歳
初土俵＝2005年春
新十両＝10年九州
新入幕＝11年名古屋
新三役＝13年秋
得意＝突き、押し
先場所＝10勝5敗
【前回の対戦】
2016秋　○押し倒し
（通算　2勝3敗）

豪栄道に完敗

立ち合い乱され、悔しい3敗目

仕切りの段階で、館内には、3代目若乃花以来18年ぶりの日本出身横綱誕生を期待する「豪栄道コール」が起きていた。

23歳の御嶽海はこうした逆境ほど、気後れなく士気を高める性格。2度目の対戦で初勝利を狙ったものの、1回目の立ち合いが成立せずに「ペースを乱された」。冷静な30歳の大関にしてやられた。

豪栄道は立ち合いの低さ、鋭さを磨き、先場所全勝優勝。今場所も高い圧力の前に、2日目は高安、3日目は嘉風が膝から崩れるように敗れた。そのため御嶽海は、自身の立ち遅れや踏み込み不足によって圧倒されないよう、立ち合いに全身全霊をかけ、「（突き押しで土俵外に出すまで）走ろうと思っていた」。

4日目

御嶽海 1－3 ●寄り切り○ 豪栄道 4－0

しかし、1回目の立ち合いで、豪栄道が伸ばした右手を宙に浮かせたまま、全く動かない。先に両手をつき、今にも立とうとしていた御嶽海は「自分の体が3度もぴくっとなって。でも、大関は手をつかない。自分が耐えられなくなって…」と珍しく待ったをかけた。

2回目の立ち合い。豪栄道はスムーズに手をついて立つと、ふわっと立った御嶽海を右四つに組み止め、一気に寄り切った。御嶽海は「2回目はよく分からない」と、状況を覚えていないほど自分の間合いを乱された。

「くそっ、水」。支度部屋に戻った御嶽海は荒い呼吸で悔しがりながら付け人に水を求めた。豪栄道には10月20日の秋巡業京都場所の稽古で胸を出してもらい、「出羽海一門の力士のトップにいるのが豪栄道関。自分は一門の本家の筆頭力士。期待されているのは感じた」。勝って恩返しするのは、お預けとなった。

豪栄道（横綱昇進を目指し、会心の相撲で4連勝）「落ち着いて攻められた。今日の立ち合いから流れを大事にしていきたい」

八角理事長（元横綱北勝海）「豪栄道は御嶽海と当たりの重さが違った。足もよく送れていた。安定感がある」

豪栄道《ごうえいどう》

番付＝東大関
出身＝大阪府
部屋＝境川
体格＝183センチ、160キロ
年齢＝30歳
初土俵＝2005年初
新十両＝06年九州
新入幕＝07年秋
新三役＝08年九州
大関昇進＝14年秋
得意＝右四つ、寄り
先場所＝15勝
【前回の対戦】
2016名古屋　●上手出し投げ
（通算　2敗）

横向き4敗目

5日目
御嶽海 1－4 ●寄り切り○ 照ノ富士 3－2

かど番照ノ富士、予想外の動き

御嶽海は動きを読まれていたかのように、あっけなく寄り切られた。立ち合いは右脇を差されないように締め、さらに左方向にずれた。だが、自身の右側から回り込んできた照ノ富士に右腕を抱えられると、左上手も許して横向きとなった。

「大関に変わられた感じ。予想外の動きでついていけず、何もできなかった」。体勢を立て直す間もなく、寄りでそのまま運ばれて完敗。過去2戦は巨漢大関の中に入って重心を押し上げ、連勝していたが、「大関もいろいろ考えてくる。うまいっすね」と話した。

照ノ富士は前年7月の名古屋場所で平成生まれ初の大関に昇進したものの、その後は膝の故障の影響で失速。今年の名古屋場所は8勝7敗と何とか勝ち越したが、9月の秋場所は4勝11敗。3度目のかど番で迎えた今場所を連続で負け越せば、大関から陥落する。

勝ち星を一つでも上積みしたい大関の動きに対し、御嶽海は「自分も予想していないといけない。相手がいつも同じ手で来るとは限らない」と自戒の言葉を口にした。

横綱大関7人のうち6人が30代。8月の夏巡業秋田場所で23歳の御嶽海は、24歳の照ノ富士から「平成生まれの関取で角界を盛り上げていこう」と声を掛けられた。今後もあの手この手の攻防が展開されていくのだろう。

4・5日目、勝率の低さが課題

御嶽海が4、5日目の勝率の低さを課題としている。今場所も2日続けて敗れ、幕内7場所目でこの2日間の通算勝率は2割1分4厘（3勝11敗）。番付によって場所ごとに対戦相手は違うとはいえ、1～3日目は6割1分9厘（13勝8敗）と勝率が高い。急ブレーキがかからなければ、中盤戦以降に余裕を持って臨める。

本場所に入ると心身ともに負担が大きく、入門2年目の御嶽海は4、5日目に疲労が出始めている様子。今場所は7月の名古屋場所に続く上位陣との総当たり。高揚感や緊張感、疲労感はいつもの場所以上だ。この日の支度部屋でも「なかなか眠れない夜が多いし、体が思うように張ってこない」と漏らしていた。

照《てる》ノ富《ふ》士《じ》

番付＝西大関
出身＝モンゴル
部屋＝伊勢ケ浜
体格＝192センチ、185キロ
年齢＝24歳
初土俵＝2011年5月技量審査
新十両＝13年秋
新入幕＝14年春
新三役＝15年春
大関昇進＝15年名古屋
得意＝右四つ、寄り
先場所＝4勝11敗
【前回の対戦】
2016秋 ○外掛け
（通算 2勝1敗）

稀勢の里に恩返しせず

一瞬生じた距離、つかまる

右からおっつけた御嶽海は稀勢の里の突き、押しをこらえると、右はず押しから同じ攻め手で応戦に出た。しかし、ここで少し引いた稀勢の里に距離を取られると、足が出ていかない。体勢を整えた大関に得意の左差しを許してつかまり、抵抗できずに寄り切られた。

初対戦した7月の名古屋場所では、立ち合いで圧倒され、左四つであっけなく敗れた。「あの時より、少しは抵抗できたんじゃないですか」。支度部屋で報道陣から成長を示せたのではないかと問われて、そう答えたが、心中は是が非でも勝ちたかった。

10月の秋巡業で、稀勢の里は、自分の体調や調整ペースを優先して稽古の土俵に上がらない関取衆を気に掛けていた。御嶽海も首や尻の痛みを訴え、土俵に上がれない時期があった。23歳のホープは体調が回復すると、30歳の大関から厳しい稽古をつける「かわいがり」を2日連続で受けた。転がされるだけでなく、土俵下の床まで落とされる激しさだった。

今場所、御嶽海は「稽古をつけてもらったら結果で恩返ししないといけない」と何度も口にした。だからこそ、この日も悔しかった。「勝機自体は全然なかった。駄目ですね。立ち合いを含めて、まだまだ」。角界の上下関係にもまれ、葛藤もしながら、敗戦を糧に白星を求めていく。

稀勢《きせ》の里《さと》

番付＝西大関
出身＝茨城県
部屋＝田子ノ浦
体格＝１８７センチ、１７５キロ
年齢＝30歳
初土俵＝２００２年春
新十両＝04年夏
新入幕＝04年九州
新三役＝06年名古屋
大関昇進＝12年初
得意＝左四つ、寄り、突き
先場所＝10勝５敗
【前回の対戦】
２０１６名古屋　●寄り切り
（通算　２敗）

6日目

御嶽海 1－5 ●寄り切り○ 稀勢の里 5－1

日馬富士に黒星

横綱のスピードに耐え自信に

御嶽海は7日目に早くも6敗目を喫したが、支度部屋に戻っての表情に悲壮感はなく、むしろ一定の達成感がにじんだ。「良い相撲が取れました。あそこまで取れて、また一つの自信になると思います」。自身2度目の結びの一番で、横綱日馬富士が誇る抜群のスピードについていき、今場所初めて満員札止めとなった館内を沸かせた。

「正面から攻めて来るはず。何が起きても対応しようと思った」。立ち合いで日馬富士に左上手を与えて素早く投げを打たれたが、足を運んで耐えた。差した右を生かして右四つの展開になり、32歳の横綱の2度目の投げも腰を浮かせずにこらえた。ここから相手に右下手を許してまわしを引かれたものの、渾身の寄りをぎりぎりまで粘った。

初対戦した7月の名古屋場所では、立ち合いの踏み込みの幅、速さで圧倒された。この日も「横綱が踏み込んで来なかった。まだまだ本気を出して来ていないのかもしれない」と必ずしも善戦できたとは思っていない。ただ、「相手が見えていた。結びの一番は気持ちが良いですね」と、視野が狭くなることなく幕内上位で取れ始めている。

今場所の幕内に在位する同世代の学生相撲出身者の中で、最も早く三役に昇進した。だが、自身よりも早く、前日に遠藤が横綱白鵬を、この日は正代が大関稀勢の里を初めて破った。存在感が薄まりつつあった中で、「収穫があり、明日にもつながります」。中日以降に向け、流れを立て直すきっかけとなったようだ。

7日目

御嶽海 1－6 ●寄り切り○ 日馬富士 6－1

日《はる》馬《ま》富《ふ》士《じ》

番付＝東横綱
出身＝モンゴル
部屋＝伊勢ケ浜
体格＝186センチ、137キロ
年齢＝32歳
初土俵＝2001年初
新十両＝04年春
新入幕＝04年九州
新三役＝06年夏
大関昇進＝09年初
横綱昇進＝12年九州（第70代）
得意＝右四つ、寄り
先場所＝12勝3敗
【前回の対戦】
2016名古屋　●寄り切り
（通算　2敗）

8日目

御嶽海 1－7 ● 寄り切り ○ 白鵬 7－1

上位戦 横綱・大関総当たり2度目終了

2度目の挑戦も完敗に終わった。御嶽海は立ち合いで白鵬の圧力に上体を起こされ、左上手を許してつかまった。何とか差し手をねじ込もうとしたが、横綱のおっつけで果たせない。右上手も与えると素早く引きつけられ、一気の出足になすすべなく土俵を割った。

「狙いはしっかり踏み込むこと。でも全然、踏み込めなかった。横綱が速すぎて、何もさせてくれなかった。相手が来るのをしっかり見てしまった」。31歳の白鵬は、けがで先場所は横綱昇進後初の全休だったが、今場所は3日目に史上3人目の通算千勝を達成。前人未到の38度目の優勝を目指して調子を上げる。第一人者の壁は厚かった。

3横綱、4大関との2度目の総当たりが終わった。結果は初めて総当たりした先々場所（7月の名古屋場所）と同じ1勝6敗。1勝は大関照ノ富士ではなく、今度は琴奨菊から挙げた。6敗にも「白星にならなかっただけで得るものもあった。今後につながる」と先々場所のように圧倒され続けた感覚ではない。

横綱日馬富士のスピードについていき、大関稀勢の里の圧力にも耐え、豪栄道からは立ち合いの巧みな駆け引きを学んだ。白鵬には完敗だったものの、「最後まで先々場所より全然やりやすかった」と上位戦の雰囲気にも慣れた様子。「切り替え、後半戦にしっかり白星を重ねたい」と仕切り直す力も残っている。

今場所は同世代の学生相撲出身者が活躍するが、遠藤が白鵬に勝ったのは5度目、正代が稀勢の里を破ったのも4度目の挑戦の結果。御嶽海も成長を続けるため、後半戦で戦績を回復させ、来場所で三たび上位陣と戦える番付につけたい。

白《はく》鵬《ほう》

番付＝東横綱
出身＝モンゴル
部屋＝宮城野
体格＝192センチ、155キロ
年齢＝31歳
初土俵＝2001年春
新十両＝04年初
新入幕＝04年夏
新三役＝05年初
大関昇進＝06年夏
横綱昇進＝07年名古屋（第69代）
得意＝右四つ、寄り
先場所＝休場
【前回の対戦】
2016名古屋 ●寄り切り
（通算 2敗）

白鵬に完敗「得るものあった」

策ずばり白星

連合稽古の感触生かし、迷わず攻め

9日目
御嶽海 2－7 ○寄り切り● 栃煌山 2－7

御嶽海が大関琴奨菊を破った2日目以来、1週間ぶりに白星を挙げた。連敗を自己最悪の6（休場場所を除く）で止めようと、相手をかわす取り口をあらかじめ用意し、土俵で披露。「まず白星を挙げたかったので、今日はああいう相撲を取った」と思いを説明した。

立ち合いで一つ当たりながら迷わず左に動くと、がっちりと左上手をつかんだ。そこから出し投げで栃煌山の体勢を崩し、すかさず右四つ。そのまま低い姿勢で寄り立て、勝負をつけた。横への動きも、足の運びも良く、策を完遂。「体が動いている証拠」とした。

栃煌山は金星3個、三賞受賞6度の実力者。「立ち合いの圧力が横綱も嫌がるくらい強い。それを（連合稽古で）体験している。立ち合いでまともにいったら自分が持っていかれる。崩した方がいいと思った」。御嶽海は支度部屋で細かく狙いを補足した。

ただ、今場所の栃煌山は調子が良いとは言えず、前日まで2勝6敗。場所前の連合稽古でも膝の状態を気にして番数が少なかった。その中で御嶽海は10番ほど当たり、分が良かった。この日の策は、栃煌山が素早い動きについて来られないとみて、勝算があると冷静に判断したものだろう。

9日目で負け越しが決まっていたら自己最速だったが、自分を見失っていなかった。「星を一つ戻し、明日から少し違う気持ちでできそう。また、自分の相撲を取っていきたい」。淡々と話し、支度部屋を後にした。

栃煌山《とちおうざん》

番付＝東前頭筆頭
出身＝高知県
部屋＝春日野
体格＝188センチ、157キロ
年齢＝29歳
初土俵＝2005年初
新十両＝06年秋
新入幕＝07年春
新三役＝09年夏
最高位＝関脇
得意＝右四つ、寄り
先場所＝7勝8敗
2016夏　○寄り切り
（通算　2勝）

突いて押して…自分の相撲

御嶽海が三役になって初めて自分の突き押し相撲で快勝した。相手は191センチ、192キロの碧山。御嶽海の苦手な巨漢だが、前日まで1勝8敗と振るわない。

御嶽海は左足の踏み込みが碧山よりも一瞬速く、上回った当たりの強さで突き起こした。相手の右張り手に構わずに前進し、右差しを挟みつつ、左はず押しで攻勢。出足を止めず、一気に押し出した。

「良い形で立ち合い、前に出ることができた。相手と距離が取れたので良かった」と御嶽海。狙い通り、つかまらずに押し出すことに成功した。

前日の栃煌山戦は立ち合い後の動きに変化を交えて7日ぶりに白星を挙げた。ただ、その後に「自分の相撲を取っていきたい」と宣言した通り、この日は突き押し相撲を取り切った。

「今日みたいな相撲を続けて、明日からまた白星をつなげたい」。11日目の相手は平幕上位の魁聖。先場所まで三役に3場所在位しながら、今場所は初日から10連敗と元気がない。御嶽海は負け越しまで後がない中、良い流れを加速させ、勝ち星の上積みに注力する。

10日目

御嶽海 3－7 ○押し出し● 碧山 1－9

三役で初連勝

碧《あおい》山《やま》

番付＝西前頭筆頭
出身＝ブルガリア
部屋＝春日野
体格＝191センチ、192キロ
年齢＝30歳
初土俵＝2009年名古屋
初十両＝11年名古屋
新入幕＝11年九州
新三役＝12年秋
最高位＝関脇
得意＝右四つ、寄り
先場所＝9勝6敗
【前回の対戦】
2016初 ●突き出し
（通算 1勝1敗）

11日目

御嶽海 3－8 ●寄り切り○ 魁聖 1－10

新三役場所負け越し決定
「辛抱を白星につなげる」

御嶽海は目標に掲げていた新三役場所での勝ち越しがならず、11日目で負け越しが決まった。

苦手な巨漢力士の中でも、重くて懐が深く、過去2戦2敗でやりづらさを感じている魁聖との一番。魁聖は10連敗と元気がなかったが、御嶽海は「過去2連敗の自分でも、0勝10敗の相手に負けられないという考えが出てしまった」と気負った面もあったようだ。

9日目から2連勝中の御嶽海は復調の勢いを生かし、立ち合いで魁聖を突き放そうとした。だが、195センチ、198キロの相手に受け止められると、おっつけに左脇を差され、上体が起きた。肩透かしを試みながら右へ回り込んだものの、魁聖が体勢低く頭をつけて離れなかったため、粘りも通じずに寄りに屈した。

「あのかたちになったら仕方がない。まじで悔しい。でも、仕方ない。勝負事なんで」。幕内7場所目の23歳にとって、巨漢力士をいかに攻略し切るのかは、立ち合いの圧力が高い幕内上位陣へどう対抗するかと合わせ、引き続きの課題だ。

「負け越したことと、新三役場所だったということは関係ない。どれだけ辛抱して、白星につなげられるかだと思う」

反省点は本場所の最終盤に整理し、それまでは一日一番に集中するのが、御嶽海。この日の支度部屋では、地元木曽地方の人たちがつくった自身の笑顔の似顔絵うちわで顔を覆いながら「御嶽海、だめでした」と話し、負け越しで重い雰囲気の報道陣ら周囲を和ませる気遣いも見せた。新三役場所は残り4日間だ。

魁《かい》聖《せい》

番付＝東前頭2枚目
出身＝ブラジル
部屋＝友綱
体格＝195センチ、198キロ
年齢＝29歳
初土俵＝2006年秋
初十両＝10年名古屋
新入幕＝11年5月技量審査
新三役＝16年夏
最高位＝関脇
得意＝右四つ、寄り、押し
先場所＝6勝9敗
【前回の対戦】
2016名古屋　●寄り切り
（通算　3敗）

苦手の巨漢に屈する

12日目

御嶽海 4−8 ○押し出し● 玉鷲 7−5

土俵際執念

押し相撲の小結対決制す

御嶽海は玉鷲に強い。押し相撲を得意とする同士で、東西の小結として当たった4度目の対戦。三役に復帰した32歳の玉鷲は今場所、1横綱2大関を破って勝ち越しに王手を懸けていたが、23歳の御嶽海が押し込まれながらこの日も勝った。

「自分の調子も悪いわけではない」と腰の安定感を生かして踏み込み返し、おっつけから反撃した。土俵際で相手の突き落としに崩れそうになったが、体をぶつけて押し出した。

「土俵際が危なかった。最後は自分の左に相手の攻め手が、がばっと入ってあれしかなかった」。土俵際は前のめりに倒れつつも腕を折り畳み、玉鷲の足が先に俵の外に出るのを確認してから土俵に倒れた。勝利への執着心で本場所4勝目をもぎ取った。

「相性の良さは頭にあったけれど、勝負事なのでそれは考えないようにした」と自分の相撲に集中した。それでも玉鷲の調子の良さに「立ち合いは相手が速く、自分が受ける感じになり、押し込まれた」。玉鷲の高回転の突っ張りに後退した。

ただ、終盤戦に強く、平幕上位への残留に向けて士気も高い御嶽海。

玉《たま》鷲《わし》

番付＝西小結
出身＝モンゴル
部屋＝片男波
体格＝189センチ、169キロ
年齢＝32歳
初土俵＝2004年初
初十両＝08年初
新入幕＝08年秋
新三役＝15年春
最高位＝小結
得意＝押し
先場所＝10勝5敗
【前回の対戦】
2016秋　○寄り切り
（通算　4勝）

巧者に完敗

「立ち合いから全然駄目」

御嶽海は気合が空回りしたのか、「立ち合いから全然駄目でした」と動きに精彩を欠いた。30代になってから三役や平幕上位で存在感を放つ嘉風に、技術とスピードで圧倒された。「仕方ないですね」。支度部屋では、悔しそうにじっと目を閉じ、言葉少なだった。

頭で当たった立ち合いから嘉風よりも姿勢が高く、34歳のおっつけに突き押しの手が封じられた。右脇に差し手を入れられて重心が浮き、左は上手を許す。後退しながら右に回り、右突き落としで追い込んだが、保持した上手を生かして俵伝いに回り込んだ嘉風の出し投げに土俵下へ転がった。

嘉風は日体大出身。東洋大出身の御嶽海と同じ元アマチュア横綱でもある。23歳の御嶽海にとって11学年上とはいえ、日頃から負けたくないと公言する学生相撲出身力士。ただ、初めて対戦した9月の秋場所も途中で引いて押し出され、これで2戦2敗となった。花道を下がってくると、感想を求めるテレビ中継の質問にほぼ無言だった。

4勝9敗となって、残りは2日。上位陣と初めて総当たりした7月の名古屋場所では10敗（5勝）した。2度目の今場所で成長を見せたい。

御嶽海を幼少から指導し、11月2日に亡くなった植原延夫さんの遺影を囲み、取組を振り返る御嶽海後援会の一行。そろいのオレンジ色のジャンパー姿で、しこ名と「小結」と書かれたうちわを手に応援した

13日目

御嶽海 4－9 ● 上手出し投げ ○ 嘉風 5－8

嘉《よし》風《かぜ》

番付＝西前頭2枚目
出身＝大分県
部屋＝尾車
体格＝176センチ、145キロ
年齢＝34歳（日体大出）
初土俵＝2004年初
新十両＝05年名古屋
新入幕＝06年初
新三役＝14年夏
最高位＝関脇
得意＝突き、押し
先場所＝7勝8敗
【前回の対戦】
2016秋　●押し出し
（通算　2敗）

14日目

御嶽海○突き落とし●隠岐の海

5－9　4－10

前傾保ち、関脇隠岐の海下す

御嶽海は冷静だった。脇を固め、隠岐の海の差し手を封じながら、しっかりと踏み込んだ。31歳の関脇に右喉輪で距離を取られたが、足をそろえず、腰の前傾角度を保持。相手が向かってきたところで左へ動きながら腕を払い落とすと、突きの追撃で決着をつけた。

前日は嘉風に敗れて9敗目を喫し、悔しさで憤っていた。8敗のままで15日間を終えられれば、他力士の戦績によっては、自身の番付降下を西小結にとどめ、三役残留の可能性もゼロではないと思っていたからだ。ただ、この日はしっかり切り替えた。「喉輪は嫌だった。まともに引きすぎてやばいなと思ったけれど、うまく体が反応したし、（相手が）泳いでくれた」

先場所（9月の秋場所）は、殊勲賞を初受賞した隠岐の海と8日目に初対戦。寄り切りで敗れた。ただ、隠岐の海は9日目から失速。今場所も13日目まで4勝9敗と戦績が上がらなかった。

千秋楽を残して5勝目を挙げ、3横綱4大関と初めて総当たりした7月の名古屋場所と同じ勝ち星を手にした。御嶽海は場所前、宿舎を訪れた先代の出羽海親方（元関脇鷲羽山）から「名古屋では前頭筆頭だったから、（番付が一つ上の）小結の今場所は6勝なら御の字」と励まされている。

前年は新入幕で迎えた九州場所。新小結まで番付を上げて戻ってきた今年の九州場所はここまで「長かった」という。「明日は最後なので、気を引き締めてやりたい」。平幕上位への残留を目標に6勝目を狙う。

冷静、5勝目

隠岐《おき》の海《うみ》

番付＝西関脇
出身＝島根県
部屋＝八角
体格＝191センチ、162キロ
年齢＝31歳
初土俵＝2005年初
新十両＝09年春
新入幕＝10年春
新三役＝13年夏
得意＝右四つ、寄り
先場所＝9勝6敗
【前回の対戦】
2016秋　●寄り切り
（通算　1勝1敗）

新三役6勝9敗

来場所、平幕上位の見込み「悔しさはある」

新小結の御嶽海は千秋楽に6勝目を挙げ、来場所は番付降下を横綱、大関陣と3度目の総当たりができる平幕上位にとどめられそうだ。「悔しさはある。勝ち越して新関脇への昇進を目指し、悪くても（小結に残れる可能性があった）8敗と思っていた。でも、また良い経験になった」とすっきりした表情だった。

千秋楽の相手は気迫を前面に、荒っぽい攻め手で来る千代の国。「相手も（体重が）軽いし、今日は差して胸を合わそうと思った」と御嶽海。立ち合いから相手の突き押しをしのぐと、場所前の連合稽古で負った手首痛を引きずっていたこともあり、すぐに右を差した。首投げをこらえて体を密着させると、腰を落として寄り切った。

横綱、大関陣との2度目の総当たり場所で6勝9敗は、7月の名古屋場所の5勝10敗を白星で一つ上回った。「自分が成長しているという、名古屋場所とは違った感覚がある。まだ2度しか挑戦していない。負け越しても、横綱、大関と当たれる番付でこれからも取っていきたい。そうすれば、いずれ勝てる時が来る」

中入り前に行われた日本相撲協会の八角理事長（元横綱北勝海）による「協会御挨拶」では、三役以上の力士の一人として土俵上に立った。取組後の支度部屋で、その場に戻ってきたいかと問われ、「当然ですよ」。12月4日から九州・沖縄地方で行われる冬巡業に参加し、来場所に備える。

千代《ちよ》の国《くに》

番付＝西前頭4枚目（自己最高位）
出身＝三重県
部屋＝九重
体格＝182センチ、138キロ
年齢＝26歳
初土俵＝2006年夏
新十両＝11年名古屋
新入幕＝12年初
得意＝突き、押し、右四つ、寄り
先場所＝8勝7敗
【前回の対戦】
2016秋　○押し出し
（通算　2勝）

千秋楽

御嶽海 6－9 ○寄り切り● 千代の国 5－10

出羽海親方「後半戦で盛り返した。今場所元気で馬力もある玉鷲に勝った一番など、当たって突き放し、相手を2、3歩下げさせるような相撲はやはり流れが良かった。前半戦で総当たりした横綱、大関には、その立ち合いに持っていけない。差しにいくのは、自分と同等か、それ以下の相手に通用するが、上位陣には通用しない。起こしてから差さないと。来場所はまずは三役復帰を目指し、そこから常に上位陣と当たれる番付で経験を積んでほしい」

元幕内大鷲・伊藤平さん語る

自信につながる取り口を

横綱、大関との2度目の総当たり。幕内上位戦の雰囲気に慣れ、硬くなってはいなかったし、一生懸命にやっていた。ただ、7月の方が頭から当たっていたように感じる。押し相撲なのだから、立ち合いは、はず押しでがむしゃらにいった方がいいが、差していた取組が多い。頭で取ろう、相手を見て勝機を探ろうとしていた。

体に痛いところがあるのかもしれないが、それはみんな一緒。もしそうでも、隠しつつも頭から当たった方がいい。稽古して、動きを体に覚え込ませていくしかない。三役以下との対戦が続く後半戦は、それぞれレベルアップしている遠藤、正代、玉鷲と当たる。思い切り当たれれば自信につながるし、成績が出なくても価値があるだろう。

同世代の学生相撲出身者で、前半戦で白鵬に快勝した遠藤、稀勢の里を破った正代は、大物になる雰囲気が出てきた。遠藤は出足が鋭く、ぶちかましもいい。低いし、土俵際も粘りがある。正代は稀勢の里の圧力を胸を出すようにして受け止められるほど足腰が強い。

三役は、会社でいえば重役級。日本相撲協会を背負って立つ力士だし、稽古をしっかりやって後輩に背中を見せてほしい。

新たな貯金つくる稽古を

中日8日目を終えて1勝7敗。そこから後半戦に入った。力士は負けが込むと投げやりになりかねないものだが、御嶽海は全く違う。気が抜けたり、集中力が欠けたりする様子がない。稽古不足を指摘する周囲の声もある中で、6勝まで盛り返したのは評価できる。素質があるって証拠だ。

思い切り良く出た取組で勝っていた。相手の出方を見てから攻め手を打つような立ち合いをせず、脇の締め方、手の形を固め、決心した立ち合いが続けば、なお良い。

惜敗した嘉風戦はもっと体を寄せてほしかったし、前半戦の高安戦もそうだった。自分も現役時代、足腰が柔らかく強い貴ノ花や増位山に土俵際で逆転された経験がある。足にも目があると言われるような土俵際の詰め、粘りも磨いてほしい。弱みを見せないようになれば、上位陣に太刀打ちできるようになる。

新入幕から1年で三役に上がることは、なかなかできない。2016年は上出来だった。だからこそ、学生時代の貯金が終わらないうちに、新たな貯金をつくる稽古をしてほしい。体は上半身を中心に大きくなったが、下半身も、新入幕で敢闘賞に選出された石浦のような尻の盛り上がりをつくってほしい。それができれば、将来的に大関昇進争いにも加われる。

1月の初場所は平幕に戻るだろうけれど、平幕上位に残れそうだから、対戦するのは今場所と同じような相手だ。ただ、肩書が三役ではなくなるから、気持ちは楽に取れるかもしれない。中盤戦で40人超のツアーを組んで応援に行く予定だ。

挑む姿勢貫き続け
上位陣との対決、力不足を実感
同世代の遠藤・正代の活躍 刺激に

初日の前日、三役以上の力士が出席する土俵祭りに初めて出席した御嶽海は「三役から落ちたくない、ずっと残っていたいと思った」と言った。発言には、角界の顔がそろう場に加われた誇りがにじんだ。幕内定着を今年の目標に掲げてきた御嶽海が、新たな意欲を見せた瞬間でもあった。

ただ、横綱、大関との2度目の総当たりは1度目（7月の名古屋場所）とは違う感覚だった。意欲が先行し「結果を早く欲しがっていた」。

例えば、大関豪栄道戦。立ち合いの駆け引きで焦らされると、御嶽海は体が3度もぴくっと動き、自分から珍しく待ったをかけた。「以前なら冷静に合わせられた」

横綱鶴竜戦は攻め手に迷って敗れた。巡業を含め、上位陣と胸を合わせて手応えを得ていたこともあり、純粋な挑戦者として頭からぶつかれた1度目とは感覚が違った。

上位陣7人に1勝6敗は1度目と同じ。好内容もあったが、結果が出ずに力不足を実感した。その中で、同世代の同じ学生相撲出身者で平幕の遠藤、正代の活躍が気持ちを奮い立たせてくれた。

中盤戦で2歳上の遠藤は横綱白鵬、1歳上の正代は大関稀勢の里に勝った。挑戦はそれぞれ5度目、4度目だったが、御嶽海は「自分だけ全然勝てない。めちゃくちゃ、すごい悔しいし、自分にいらっとする。進歩がないし、稽古しないといけない」。千秋楽まで、朝稽古にも連日同じ時間から姿を見せた。

結果的に6勝9敗で終えた。「気持ちで攻めあぐねた前半戦だったが、結果的に三役になってもやるべきことは変わらないと思った」と御嶽海。

三役は土俵人生の分岐点とも言える。親方になるための「年寄名跡」を取得する資格基準に達し、引退後の道筋がつく一方、ここから士気高く、けがをせずに番付を上げていくのは楽ではない。

今場所の平幕（前頭）31人のうち三役経験者は15人。そのうち12人が28歳以上、12人中6人が30歳以上。大関昇進に届かぬまま年齢を重ねる。

挑戦者の姿勢を貫きながら、経験を積んで、地力を高めていく—。入門2年目の23歳が、番付を上げるためにはそれが不可欠な要素だと、再確認した新三役場所だった。

2017年は「西前頭筆頭」から

「上がれるチャンス逃さない」 2年目の集大成

初場所に向けた稽古総見

対戦相手に指名されるよう積極的に声を出す御嶽海（中央）。関取になって以降、体調不良や体の痛みがあったり、参加対象の番付ではなかったりして出られなかったため初めて参加した（12月28日）

横綱、大関と３度目の総当たりの地位に

番付表を手に「妥当な位置。横綱、大関と戦え、もう一度上がれるチャンスにいるから、逃さないようにしたい」（12月26日）

出羽海部屋が稽古納め

部屋で2016年の稽古を納める。24歳のホープは「1年は怒濤だった。2017年も同じように振り返られるようにしたいし、やりがいのある上の地位で相撲を取り続けたい。まだまだ吸収するものを増やしたい」

新年初の本格的稽古

栃ノ心（左）に胸を出してもらい、ぶつかり稽古を行う御嶽海。1月3日に春日野部屋で行われた出羽海一門の連合初稽古を体調不良で休み、親方衆から自覚ある行動を促され、2017年初めての本格的な稽古となったこの日は積極的な姿勢を見せた（1月5日）

朝稽古で胸を出す御嶽海

出羽海部屋で兄弟子の三段目、希帆ノ海の胸を押して調整した。途中、長い距離を押そうと、仕切り板からではなく、徳俵近くから踏み込むように稽古を工夫。さらに東西を入れ替えて立ち、相手の番付によって東西が変わる本場所の雰囲気を想定（1月7日）

初日を二日後に控え

ゴム製のチューブで下半身に負荷をかけて稽古する。西前頭筆頭で臨む初場所は、平幕が横綱に勝つ「金星」の初獲得と、三役復帰に向けた勝ち越しを狙う（1月6日）

初日

御嶽海 1−0 ○ 寄り切り ● 豪栄道 0−1

「自分の立ち合い」から休まず前に

御嶽海が豪栄道を初めて破った。仕切りの動作から30歳の大関を寄り切るまでの取り口にかけて気迫が前面に出て、土俵下にいた審判長の友綱親方（元関脇魁輝）も「御嶽海は闘志満々だった」と高評価。24歳の期待の星が1年ぶりの天覧相撲で強い存在感を放った。

制限時間いっぱいになると、締め込みをポンと叩く動作や音が普段より大きく、満員札止めの館内が沸いた。立ち合いは互角以上。2歩目から押し込んで突き放し、右は上手を許したものの、左で押し上げてもろ差し。首投げもこらえ休まず足を運ぶと、左はず押しで相手の重心をさらに浮かせ、低い腰で快勝した。

豪栄道との立ち合いは2015年の名古屋場所で圧倒され、九州場所は駆け引きで間合いを乱された。3度目の挑戦で「自分の立ち合いができた」と納得の表情。「止まったら相手が一枚も二枚も上。休まずに前に出たことが勝機につながった」

豪栄道も参加した1月3日の一門連合初稽古を腹の不調で欠席し、4日から稽古を再開。7日に部屋関係者の結婚式で豪栄道の隣のテーブルになったが、長いやりとりはなかった。本場所に合わせる持ち前の調整力を見せつけたこの日、「一門の大先輩に勝ててうれしかった。一番一番今日のように取れれば、成長していると思える」と話した。

1年前の初場所は自身の取組が幕内前半だったため、「（両陛下が幕内後半を観戦される天覧相撲は）今年が初めて。館内に緊張感があったし、良かった」と喜んだ。

豪栄道は故障で万全ではなかった様子だが、御嶽海が横綱、大関との3度目の総当たりが見込まれる場所を白星発進できたのは事実。「スタートが良く、気分も良い」。横綱日馬富士に挑む2日目、同様に三度目の正直を狙う。

大関を撃破

「やった！大関に勝った！」。初場所初日、地元木曽郡上松町のテレビ中継を見ながら応援する「パブリックビューイング」で御嶽海が大関の豪栄道を破ると、集まった50人ほどが喜びを爆発させた

豪栄道（御嶽海に寄り切られ黒星発進）「軽かった。腰が高かった」

八角理事長（元横綱北勝海）「御嶽海がいい相撲を取った。あの気合がいい」

豪栄道《ごうえいどう》

番付＝西大関
出身＝大阪府
部屋＝境川
体格＝183センチ、160キロ
年齢＝30歳
初土俵＝2005年初
新十両＝06年九州
新入幕＝07年秋
新三役＝08年九州
大関昇進＝14年秋
得意＝右四つ、寄り
先場所＝9勝6敗
【前回の対戦】
2016九州 ●寄り切り
（通算 1勝2敗）

初の金星　巧みに殊勲

「勝因は気持ち」　横綱破り興奮の花道

館内を飛び交う無数の座布団を、御嶽海は勝ち名乗りを受けながら見ていた。「テレビで見た光景を初めて土俵で見られた。めっちゃうれしかった」。手刀を切って右手でつかんだ懸賞は32本（手取り96万円）。初金星の24歳は興奮冷めやらぬ表情で、歓声と拍手を浴びて花道を引き揚げた。

立ち合いは気負って硬く、日馬富士に先に踏み込まれた。右は上手を取られたが、今場所の御嶽海はここからが違う。右腕を相手の上手の内側にねじ込んで差すと、投げに出た32歳の横綱に対して「うまく体が反応し、体を寄せられた」と素早く密着。まわしにも手を掛け、回り込もうとする横綱を追い、寄り切った。

「勝因は気持ち。上位戦に慣れてきたことが大きい」。横綱、大関との過去2度の総当たりや巡業で相対するうちに、「立ち合いで下がらなくなって、通用するのではないかと思えていた。周囲も見えるようになり、取組後もどのように勝ったか負けたかが、思い返せるようになってきた」。

上位相手に自分の間合いで相撲が取れ始め、親方衆からも高く評価される踏み込みの2歩目以降の鋭さが生きてきた。場所前に計測した体重は過去最重量の158キロ。2015年3月の初土俵時は149キロで、プロの土俵生活にもまれ、いったんは140キロ弱まで減っていたものの、体ができてきて圧力が増している。

初日の豪栄道戦は懸賞14本（手取り42万円）を獲得。2日目の懸賞は、1年前の初場所2日目につかんだ遠藤戦の15本を上回って過去最多を大きく更新し、2日間でプロ力士らしく荒稼ぎした。

「この気持ち（達成感）を今日は味わって、明日は明日で取りたい」。3日目は再び結びの一番で大横綱の白鵬に挑む。

日馬富士《はるまふじ》

番付＝西横綱
出身＝モンゴル
部屋＝伊勢ケ浜
体格＝186センチ、137キロ
年齢＝32歳
初土俵＝2001年初
新十両＝04年春
新入幕＝04年九州
新三役＝06年夏
大関昇進＝09年初
横綱昇進＝12年九州（第70代）
得意＝右四つ、寄り
先場所＝11勝4敗
【前回の対戦】
2016九州　●寄り切り
（通算　1勝2敗）

2日目

御嶽海　2－0　○寄り切り●　**日馬富士**　1－1

日馬富士（結びで御嶽海に敗れ、史上10番目に多い30個目の金星配給に）「終わったことは変えられない」

八角理事長（元横綱北勝海）「御嶽海は腰と膝をぶつけて寄り、相手の逃げ場をなくしていた。技能相撲だ。力がついてきた。日馬富士は楽に勝とうとしてしまった」

白鵬（3日目に御嶽海戦を控えて）「いい相撲を取っているが、こうなるのが遅いくらいだ」

両国国技館を引き揚げる際、サインを求めるファンに囲まれる御嶽海

大関豪栄道に快勝した初日に続く番狂わせを結びの一番で演じ、満員札止めとなった館内を大きく沸かせた

3日目

御嶽海 2－1 ● 寄り切り ○ 白鵬 3－0

最高の立ち合い、うまさで消される

低く当たった御嶽海は白鵬のかち上げを受けたものの、動じない。「かち上げでも、張り手で来られても、対応しようと思っていた」。生命線の自身の立ち合いは「タイミングがどんぴしゃ。今までで一番、踏み込めた」としっかり当たれた。

直後、白鵬が正面から右に動いた。「よけられているのは分かったけれど、頭になかったので対応できなかった」。右腕を相手の脇に差し込んで体を残そうとしたが、31歳の大横綱はその右腕を軸に使い、回り込んで左上手を確保。投げを打ってから寄りに転じ、御嶽海はこらえ切れずに土俵を割った。

悔やんだのは、右腕の使い方。「右が伸びていたら良かったが、差してしまった。突き放していこうと思ったのに…」。立ち合いに手応えがあっただけに、それができていれば、展開が違った感触があった。

前日は横綱日馬富士を破って初の金星を獲得。祝福の連絡は無料通信アプリLINE（ライン）だけで110件あり、「初めての量でうれしかった。夜は取組を無意識に思い出し、全然しっかり眠れなかった」。興奮の余韻を残したまま、懸賞38本（手取り114万円）が出された注目の一番に臨んだものの、白鵬の壁は厚かった。

24歳のホープを退けた白鵬は通算1011勝目を手にし、史上最多の1047勝に前進。先々場所は全休、先場所は11勝止まりで、今場所で優勝を逃せば横綱昇進後初の4場所連続となるが、「速いし、低いし、柔らかい。相手の特長を消してしまううまさがあり、今も一番強い横綱だと思う」と通算92勝の御嶽海。第一人者に刺激を受け、「明日は明日で頑張ります」と国技館を後にした。

白鵬（当たってすぐに得意の左上手を引き、万全の寄り）「いいところを取ってタイミングよく出られた。（相手は）出し投げを1度残したところに今場所の良さが出ているね」

白《はく》鵬《ほう》

番付＝東横綱
出身＝モンゴル
部屋＝宮城野
体格＝192センチ、156キロ
年齢＝31歳
初土俵＝2001年春
新十両＝04年初
新入幕＝04年夏
新三役＝05年初
大関昇進＝06年夏
横綱昇進＝07年名古屋（第69代）
得意＝右四つ、寄り
先場所＝11勝4敗
【前回の対戦】
2016九州　●寄り切り
（通算　3敗）

三たび白鵬の壁　連続「金星」ならず

鮮烈、2横綱撃破

「一手速く」隙逃さず押し、押し、押し

4日目を終え、2横綱1大関を破って3勝1敗。満員札止め（入場券完売）が続く盛況の初場所で、24歳の御嶽海が鮮烈な勢いを見せている。横綱、大関との総当たり3場所目の躍進に「空気に慣れ、自分の相撲が全て出せるようになった。一場所目にはなかった感触。毎日の取組が楽しい」と快活に言った。

鶴竜を押し出し、座布団が飛び交う番狂わせを再び演じた。攻略法は明確に頭にあった。「朝稽古で師匠（出羽海親方）から『（悪癖でもある）引かせたら勝機がある』と言われていた」。強く当たると、突き押しの応酬から、上体の起きた横綱がわずかに引いた瞬間を逃さず、一気に前進した。

「横綱（鶴竜）は切り替えが速く、自分の形が崩れない。崩すためには自分の方が一手を速く打たないといけない」。3横綱で唯一の雲竜型の土俵入りにも表される攻守のバランスの良さが鶴竜の特長。御嶽海は回り込んで体勢を立て直そうとする鶴竜を猛追。体と体の距離を取らせず、はず押しを交えて仕留めた。

幕内8場所目の御嶽海にとって疲れが出始める4日目は鬼門だった。先場所まで5日目と合わせた2日間の通算勝率は2割1分4厘と低い。「今日は朝稽古で、師匠に軽めにしたいとお願いした」と基本動作だけで体力を温存。「結びの一番を3日連続で取れるのは幸せ。横綱であっても、複数いれば順番で組まれるので、取れない」とプラス思考で臨めた。

観客席にいた母マルガリータさん（46）を喜ばせ、「母の前で良いところを見せられ、うれしい」。12日は父春男さんの68歳の誕生日。この日の朝はプレゼントの品を考えていたが、2個目の金星を挙げた勇姿は何よりの贈り物となった。

「上位戦で負けてもくよくよすることなく、次に、次に、と思って来た」。冷静に自分と相手を分析し、15日間に全てを注ぐための準備をする―。その積み重ねが、見ている人を歓喜させる金星2個につながった。

鶴《かく》竜《りゅう》

番付＝東横綱
出身＝モンゴル
部屋＝井筒
体格＝186センチ、156キロ
年齢＝31歳
初土俵＝2001年九州
新十両＝05年九州
新入幕＝06年九州
新三役＝09年夏
大関昇進＝12年夏
横綱昇進＝14年夏（第71代）
得意＝右四つ、下手投げ
先場所＝14勝1敗
【前回の対戦】
2016九州●押し出し
（通算1勝2敗）

八角理事長（元横綱北勝海）「御嶽海は動きが良かったし、当たりも良かった。力をつけてきた。この相撲を取っていれば上位に定着できる」

金星2個目の快進撃に、両国国技館はどよめきに包まれ、座布団が宙を舞った。この日応援に駆け付けた母・大道マルガリータさん（46）は「まさか、まさかと。うれしさでいっぱい」

4日目

御嶽海 3－1 ○押し出し● **鶴竜** 3－1

土俵際あと一歩

「勝機あったが…」稀勢の里に逆転許す

「はあっ、くそっ。重かった」。稀勢の里に敗れた御嶽海は、荒い息遣いで支度部屋に戻ってきた。前年に日本出身力士で18年ぶりの年間最多勝（69勝）を挙げた大関を土俵際まで追い詰めた。「勝機が目前にあったので、（対戦2度目の）先場所とは違う悔しさがある」と自らに憤った。

仕切りの段階で館内には、稀勢の里に日本出身の横綱誕生を、御嶽海に世代交代の先鋒を期待し、横断幕を振る姿が見えたり、しこ名のコールが飛び交ったりした。

「展開はイメージ通りだった」と御嶽海。過去2戦の敗因だった相手得意の左四つにさせないよう、右おっつけで大関の左を封じた。突き押しから前に出たが、左腕を稀勢の里の脇に差したことで、反撃の糸口を与えた。土俵際で左腕を抱えられ、重心を浮かされて右は下手も許す。「自分が伸び上がっていた」。俵に足がかかっていた大関は圧力がよみがえり、御嶽海は後退した。

「最後の土俵際、出られなかった。勝負どころが…」。前日は平幕松鳳山が稀勢の里の中に入って右はず押しで攻めたが、土俵際で突き落としを食らった。初優勝と綱取りに手が届いていないとはいえ、「横綱相撲に近い取り口」（御嶽海）もできる大関に地力を示された。

今場所2個目の金星を挙げた前日。御嶽海は観戦した母との記念撮影を報道陣に頼まれたが、「場所中だから」と慎んだ。稀勢の里戦を意識しての行動だった。巡業で厳しい稽古をつける「かわいがり」を何度も受けてきただけに結果で恩返しする強い思いがあった。快進撃の今場所。激しい悔しさは、さらなる飛躍の糧になる。

5日目

御嶽海 3－2 ●寄り切り○ 稀勢の里 5－0

稀勢の里（2横綱1大関から白星を挙げてきた御嶽海を退け、無傷の5連勝）「良かったんじゃないですか。落ち着いていけばどうにかなると思った」（御嶽海は力をつけているかと問われ）「うん。見ての通りね」

稀《き》勢《せ》の里《さと》

番付＝東大関
出身＝茨城県
部屋＝田子ノ浦
体格＝１８７センチ、１７５キロ
年齢＝30歳
初土俵＝２００２年春
新十両＝04年夏
新入幕＝04年九州
新三役＝06年名古屋
大関昇進＝12年初
得意＝左四つ、寄り、突き
先場所＝12勝３敗
【前回の対戦】
２０１６九州 ●寄り切り
（通算 ３敗）

6日目

御嶽海 4-2 ○ 寄り切り ● 琴奨菊 2-4

3横綱4大関と総当たり、1戦残し勝ち越し

ひるまず寄り切り

御嶽海は大関を厳しく攻めた。立ち合いで右顔面に琴奨菊の強烈な張り手を受けたが、全くひるまない。背中を丸め、鋭い踏み込みから瞬時にもろ差しに成功。右をはず押しに切り替えて攻め込み、棒立ちとなった相手を一方的に寄り切った。

もろ差しは琴奨菊に初めて勝った先場所と同じ崩し方。さらに「右をはずにしたのは、寄れずに残されたら、自分が押しにくくなるから」と万全を期した。「相手がしっかり見えている。今場所は前に出る気持ちが強い」と納得の表情だった。

豪栄道、日馬富士、白鵬、鶴竜と連戦し、稀勢の里戦を終えた前日の帰り際には「疲れたぁー」と大きく息をついた。この日は食事量や飲み物を変えて体調を維持。4勝目を挙げ、3横綱4大関との総当たり計7戦で初の勝ち越しを決めた。

支度部屋では、琴奨菊の張り手で出血した右側の口内を気にした御嶽海。「下からの、あんな張られ方は初めて。全く予想していなかった…」

前年12月の冬巡業沖縄場所。琴奨菊は御嶽海ら関取7人で会場裏の浜辺で休憩中、まわし姿で息の合ったジャンプを披露。32歳の大関は軟らかい砂浜の上で跳びはねていたが、本場所の硬い土俵の上では両膝のサポーターが痛々しい。24歳のホープの意表を突いた張り手は、負け越せば大関から陥落する「かど番」でもがく姿にも映る。

御嶽海が今場所初日から使う締め込みは関取になって1本目の濃い赤紫色。先場所から加わった藍色系の2本目との併用が可能になった中、1本目は15年夏から使い込んで絹地は柔らかくなじみ、上位連戦に臨む動きの一助にもなっている。

「体は動いている」と御嶽海。「15日間を戦う流れは悪くない。しっかり体調管理して、やっていくのが大事」と慢心なく、快進撃を続ける。

琴奨菊《ことしょうぎく》

番付＝西大関（かど番）
出身＝福岡県
部屋＝佐渡ケ嶽
体格＝180センチ、180キロ
年齢＝32歳
初土俵＝2002年初
新十両＝04年名古屋
新入幕＝05年初
新三役＝07年春
大関昇進＝11年九州
得意＝左四つ、寄り
先場所＝5勝10敗
【前回の対戦】
2016九州 ○肩透かし
（通算 2勝2敗）

琴奨菊（3連敗で早くも4敗目）「一つ違う相撲を取ると（流れが）違うと思う。我慢」

制限時間となり、気合いを入れる御嶽海

7日目

御嶽海 4-3 ●押し出し○ 照ノ富士 3-4

照ノ富士に後手

上位戦4勝3敗、ここからが重要

御嶽海はふわっと立った。「大関の立ち合いが自分の予想と違ったので、見ちゃいました」。左脇を固め、武器のパワーを生かすために左差しを狙ってくると考えていたが、照ノ富士は頭から当たって崩してきた。

「反応が遅くなった」と間合いを乱した御嶽海。過去2勝の取り口と同様、中に入って相手の重心を上げようとしたものの、もろ差し狙いの両腕を抱えられ、強く締め付けられた。「(腕が)入ったらきめてくるのは頭にあったけれど…。抜くので精いっぱいだった」。必死に後退して体を離したが、足を運んだ照ノ富士に押し出された。

照ノ富士は前年、膝の故障で年3回の東京場所で大きく負け越しつつ、地方場所を8勝7敗で乗り切って、大関陥落を免れてきた。御嶽海は前回当たった先場所（16年11月の九州場所）で立ち合い後に変化され、照ノ富士戦の初黒星を喫した。4度目の対戦は、前日まで2勝4敗と星が伸びない大関の全く別の取り口に対応できなかった。

「何があっても突っ込めば良かった」。前日までの6戦で貫き、2横綱2大関を破る快進撃を生んだ力強い踏み込みを欠いたことを悔やんだ。

過去2度とも1勝6敗と苦しんだ上位陣との総当たり戦。3度目は4勝3敗と成長を示し、「良かったんじゃないかと思う」。ただ、目標は勝ち越しての三役返り咲き。「ここからが重要。残り半分、体調管理を大切に白星をつなげていきたい」。雪が舞うほど寒い東京で、インフルエンザで途中休場した前年と同じような失敗はしないつもりだ。

照《てる》ノ富《ふ》士《じ》

番付＝東大関
出身＝モンゴル
部屋＝伊勢ケ浜
体格＝192センチ、185キロ
年齢＝25歳
初土俵＝2011年5月技量審査
新十両＝13年秋
新入幕＝14年春
新三役＝15年春
大関昇進＝15年名古屋
得意＝右四つ、寄り
先場所＝8勝7敗
【前回の対戦】
2016九州 ●寄り切り
(通算 2勝2敗)

取組前、土俵溜まりで控える御嶽海

我慢が白星呼ぶ

8日目

御嶽海 5－3 ○ 寄り切り ● 高安 5－3

高安の隙逃さず形勢逆転 5勝で折り返し

前日に横綱、大関との総当たり戦を4勝3敗で終えた御嶽海。関脇以下との対戦が始まる中日に備え、「上位戦とは緊張感が違うけれど、同じ緊張感でやるように意識している」と気を引き締めた。目標の勝ち越しを達成するためには、三役3人との取組が見込まれる、ここ数日間の流れが重要になるからだ。

初戦の相手は小結、高安。頭で激しく当たった立ち合いは五分。突き押しの応酬は、始動が早かった高安に優位に立たれたが、右おっつけと左喉輪でじっと我慢したことが勝機につながった。

根負けした相手が引き技に出たのを逃さず、左、右と腕を入れてもろ差しに成功。「我慢して、前に出る気持ちがあった。体は反応でき、相手も見えている」。高安戦の過去3敗のうち、2敗は詰めが甘く逆転負けしていただけに、相手の重心を浮かせ、しっかり腰を下ろして寄り切った。

7日目に大関照ノ富士に敗れたが、中日に5勝目を挙げ、今場所は2連敗が一度もない良い流れを続ける。「一日一番を意識している。5勝3敗は良いと思う。後半もしっかり白星を重ねたい」。9日目は、過去4戦全勝と分が良いものの、突き押しのスケールが大きくなっている関脇玉鷲と当たる。

高《たか》安《やす》

番付＝東小結
出身＝茨城県
部屋＝田子ノ浦
体格＝186センチ、179キロ
年齢＝26歳
初土俵＝2005年春
新十両＝10年九州
新入幕＝11年名古屋
新三役＝13年秋
最高位＝関脇
得意＝突き、押し
先場所＝7勝8敗
【前回の対戦】
2016九州 ●首投げ
（通算 3勝3敗）

突き押し圧倒

9日目

御嶽海 6−3 ○ 突き出し ● 玉鷲 5−4

攻め手の質で勝負あり 玉鷲に5戦5勝

同じ突き押し相撲の相手だが、攻め手の質の高さで上回った。御嶽海は「自分の突き押しは、体のどこか1カ所だけに力が入っていちゃいけない。バランスが大事」。178センチ、158キロの体を無駄なく使って生み出す圧力で、スケール感が増している玉鷲に圧勝した。

「下からいこうとした。良い足の運びだった」。低く当たると、身長189センチの高さから繰り出される玉鷲の攻め手に動じず、下から斜め上へと力を伝えながら前進。右はず押しを交えて休まず、電車道で突き出した。「一歩でも引いたら負け。押し勝つしかないと思った」

32歳の玉鷲は今場所、初土俵から所要77場所で新関脇になった遅咲き。若手のホープの御嶽海は初対戦した15年11月のころから突き押しの圧力の高さをたたえていた。

東西の小結同士だった先場所（16年11月の九州場所）の前ごろからは巡業中に談笑したり、ふざけ合ったりする仲となったものの、本場所での厳しさは変わらない。

玉鷲（御嶽海にいいところなく屈した原因を問われ）「弱いから負けた」

玉《たま》鷲《わし》

番付＝東関脇（自己最高位）
出身＝モンゴル
部屋＝片男波
体格＝189センチ、168キロ
年齢＝32歳
初土俵＝2004年初
初十両＝08年初
新入幕＝08年秋
新三役＝15年春
得意＝押し
先場所＝15勝5敗
【前回の対戦】
2016九州 ○押し出し
（通算 5勝）

玉鷲戦を5戦5勝とし、報道陣に合口の良さの要因を問われた御嶽海は「相手が苦手意識を持っているんじゃないですか」と涼しい顔で答えた。

中日から2連勝で6勝目。2横綱2大関を破った前半戦からの良い流れをつなげている。「上位陣に勝ったのも、白星の一つ（に過ぎない）」と地に足をつけて貪欲に勝利を求める。「精神的に充実していると思う」という良い状態で、10日目はライバル正代との好取組に臨む。

10日目

御嶽海 7－3 ○寄り倒し● 正代 4－6

正代の粘り、スピードで封じる

「相手に差させないようにして、速さで上回ろうと思った」。正代に通算1勝4敗と分が悪い御嶽海は、6度目の対戦を前に考えた。「今場所は自分の体が動いている。下半身がしっかりしているから」。懐深い四つ相撲のライバルに、先手で攻め続けようと臨んだ。

立ち合いから差し手を封じる突き押しを繰り出し、右をのぞかせた。嫌った正代に左腕を引っ張り込まれそうになっても残し、「あそこで焦っちゃいけない。下から攻めるのは、絶対だった」と重心を浮かせず、向き直った相手に体を寄せてもろ差し。体を預けて寄り倒した。正代の背筋力を生かした足腰の粘りもスピードで封じ切った。

支度部屋では、正代が同世代の学生相撲出身者であることを意識したかと報道陣に問われ、「意識したし、強いのは認めています」と語った。

東農大出の正代は2014年、元学生横綱としての付け出し資格が失効し、番付外の前相撲で初土俵を踏んだ。東洋大出で1歳下の御嶽海は15年、アマチュア2冠で幕下付け出しデビュー。新十両、新入幕、新三役はいずれも正代より1場所ずつ早く果たした。

ただ、今場所新三役の正代は小結を通り越して関脇となり、御嶽海は新関脇で先を越された。先場所の他力士の成績による「番付運」に影響された面があったとはいえ、御嶽海は場所前から静かに闘志を燃やしてきた。

「正代関とは切磋琢磨できたらいい。学生出身者が中心になれば、相撲界も変わる。いったん抜かされても、自分がその先頭に立っていたい」

寄り倒した後、御嶽海は正代が起き上がるのを助け、立った正代は御嶽海の前まわしを右手で軽くたたき、礼を交わした。

正代（6敗目を喫し、新関脇の場所で苦戦が続く）「充実感はある。何とかあと5日間、気負わないように」

正《しょう》代《だい》

番付＝西関脇（自己最高位）
出身＝熊本県
部屋＝時津風
体格＝183センチ、163キロ
年齢＝25歳（東農大出、元学生横綱）
初土俵＝2014年春
初十両＝15年秋
新入幕＝16年初
新三役＝17年初
得意＝右四つ、寄り
先場所＝11勝4敗
【前回の対戦】
2016名古屋　●寄り切り
（通算　2勝4敗）

ライバルに快勝

豪風破り勝ち越し

集中…力強く前進　足よく運び「動き全部見えていた」

御嶽海が勝ち越しを懸けて当たったのは37歳の豪風。「今日は重圧があった。ベテランのくせ者の関取が相手だったから。上位戦とは違う緊張感があった」。立ち合いは1度目が不成立。豪風が突っかけ、24歳のホープの胸を両手で強めに突いたため、館内は騒然となった。ただ、御嶽海は「当然、何かしてくるのは頭にあった」と集中力を高め、2度目で立った。

頭で当たった御嶽海は、後頭部下を上から押さえ込もうとする豪風のはたきに対し、前傾姿勢を維持し、突き押しで力強く前進。土俵を時計回りに逃げ、苦し紛れに右腕を抱えてきた相手を好タイミングで引き落とした。終始、足をよく運び「はたきは頭に入っていたし、動きは全部見えていた。あとは体が動くかどうか。下半身がしっかりしていましたね」と納得した。

4日目に横綱鶴竜を破った後、春場所の地、大阪で接骨院を営む支援者から連絡をもらった。「踏み込む時、爪先で蹴ってしまって（重心が下がらない状態で）いる、と。それで以前に助言された膝関節の使い方を思い出した」。足首や股関節も連動させられる位置に曲げることで、重心低く、踏み込みによる土俵からの反発力をスピードと圧力につなげることに成功した。

懸賞5本をつかみ、今場所で獲得した懸賞の総数は計103本（手取り309万円）。1場所で初めて100本を超え、「これが相撲界。プロになれた実感がある。でも、まだまだ」と貪欲だった。

金星2個を獲得するなど横綱、大関の4人を破った勢いだけが、好成績が続く理由ではないと自負する。「弾みで勝ち越したわけではない。自信で相撲を取っている」。2横綱が休場し、波乱の気配が漂う初場所。三役以上の対戦を終えて3敗の御嶽海が、再び注目度を上げている。

11日目
御嶽海　8－3
○引き落とし●
豪風　7－4

しこ名が書かれたハート形のたこを掲げて応援する人たちや相撲ファンからはこの日も熱い声援が送られた

御嶽海「うれしいし、自信につながる。三役返り咲きはまだまだ（残り4日ある）。2桁勝利を目指すというよりも、しっかり体と気持ちを整えて、残り四つ全部白星をつなげるつもりでいく」

豪《たけ》風《かぜ》

番付＝東前頭5枚目
出身＝秋田県
部屋＝尾車
体格＝171センチ、150キロ
年齢＝37歳
初土俵＝2002年夏
（幕下15枚目格付出し）
初十両＝02年秋
新入幕＝03年春
新三役＝08年春
最高位＝関脇
得意＝突き、押し
先場所＝9勝6敗
【前回の対戦】
2016秋　●はたき込み
（通算　3勝1敗）

12日目

御嶽海 9－3 ○ 押し出し ● 宝富士 4－8

隙なし5連勝

土俵に集中「自分の相撲を取れている」

御嶽海は危なげなかった。四つ相撲の宝富士に対し、差されないように両脇を締めて低く当たった。鋭い踏み込みから突き、押しを繰り出し、下から相手をはじき上げる。左喉輪も利かせ、まわしを絶対に与えない。苦し紛れにつかんだ左腕を背負って投げようとした宝富士に、重い腰で右腹を寄せて押し出した。

「相手は力が強いんでね。まわしを取られちゃいけない。立ち合いではじくことを意識した。足も良く出ていた」。前日の11日目に幕内自己最速タイの勝ち越しを決めたが、過去2度の場所は12日目に黒星を喫していた。同じ失敗を3度続けず、8日目から5連勝。

幕内での連勝は2場所をまたいで6連勝が2度あるが、場所中の5連勝は最長だ。

ただ、御嶽海は「全く意識してなかった」と一日一番に集中している。

13日目の20日に懸かるのが、通算100勝。2015年3月の初土俵から12場所目での達成を目指す中、御嶽海には「もう少し早く、達成できるところまで来られたかな」という悔いがある。

前年の初場所はインフルエンザで途中休場。土俵際で逆転の首投げを食らった先場所の高安戦のように「9割方勝ったような相撲でも、足が出ずに詰めが甘く、負けた取組も少なくなかった」。

場所中でも、関取衆は後援者との夜の酒席に顔を出すことを求められる。ただ、今場所の御嶽海は酒をほぼ口にせず、不要な外出を控えて睡眠を確保しようと努力。勝ち越した前日も、焼き肉を囲んで祝ってもらった後、これまでよりも早い時間帯に部屋に戻った。

「自分の相撲をしっかり取れている」のには理由がある。「勝ち越した後の、ここからが大事」と、貪欲に過去の自分を越えていく。

立ち合い直前、最後の塩をつかむ

宝富士（負け越し。来場所に向けて）「（近大出身なので）大阪は第二のふるさとでもある。いい姿を見せたい」

宝《たから》富《ふ》士《じ》

番付＝東前頭筆頭
出身＝青森県
部屋＝伊勢ケ浜
体格＝186センチ、170キロ
年齢＝29歳（近代出）
初土俵＝2009年初
初十両＝10年秋
新入幕＝11年名古屋
新三役＝15年名古屋
最高位＝関脇
得意＝左四つ、寄り
先場所＝9勝6敗
【前回の対戦】
2016秋 ○寄り切り
（通算 2勝1敗）

突き放せず4敗

13日目
御嶽海 9－4 ●寄り切り○ 蒼国来 10－3

苦手蒼国来に「いやあ、重い…」

御嶽海は蒼国来が苦手だ。十両同士で初対戦した2015年名古屋場所で勝ったものの、この時は左上唇に15針縫う大けがを負っていた影響で、立ち合いで変化した。真っ向勝負となった幕内での4戦は全敗。御嶽海は通算で5度以上対戦した相手が6人いるが、蒼国来が最も合口が悪い。

蒼国来は185センチ、146キロ。捕らえづらさがあり、力の強さを生かした四つ相撲が真骨頂だ。御嶽海の師匠、出羽海親方は「突き起こそうとしても、体を反って吸収できるような、ばねや柔らかい感じが体にある。前まわしを引くのもうまく、前さばきが良い」と分析する。

立ち合いではじけなかった御嶽海は、一度は蒼国来の左まわしを切ったものの、押しに出たところで左前まわしを許した。体と体の距離を取れず、自ら左下手を取ったが蒼国来の右おっつけに上体が起きた。続く寄りに後退。土俵を割った。

支度部屋で風呂から上がった御嶽海は、苦笑いを浮かべた。「やりづらい。苦手です。はじいて突っ張ろうとしたけれど、相手の形が変わらない。重心も上がらない。いやあ、重い…」

33歳の蒼国来は幕内で自身初の10勝目。出羽海親方は「これで来場所は番付をだいぶ上げる。御嶽海も再び当たるかもしれない」と、弟子に苦手克服を求めた。本人は「(苦手力士がいることは)1人や2人なら大丈夫。勝った時、自分に得るものがあるから」と稽古の糧にするつもりだ。

1場所の最長連勝を6に伸ばせず、通算100勝もお預けとなった。「場所の締め方は大事。残りを白星二つで終えられるように、もう一回、気を引き締めていきまーす」と語尾にかけて声量を上げ、自らを奮い立たせた。

蒼国来《そうこくらい》

番付＝西前頭10枚目
出身＝中国
部屋＝荒汐
体格＝185センチ、146キロ
年齢＝33歳
初土俵＝2003年秋
初十両＝10年初
新入幕＝10年秋
最高位＝前頭4枚目
得意＝右四つ、寄り、投げ
先場所＝9勝6敗
【前回の対戦】
2016名古屋 ●寄り切り
(通算 1勝4敗)

通算100勝 突き、押し、意地

学生時代のライバル北勝富士に完勝

しこ名の北勝富士よりも本名・中村大輝の方が、御嶽海を学生時代から知る人にはなじみがある。東洋大で活躍した御嶽海は、同じ年で日体大に在籍した中村とライバル関係にあった。「引いた方が負け。立ち合いでの変化もない」。意地をぶつけ合う好取組が初めて角界の土俵で行われた。

「自分は横綱、大関とやって勝っている。自信は当然あった」と御嶽海。立ち合いで衝突音を響かせながら当たり勝つと、出足を利かせた突き、押しを連発。左に回っていなし、崩しておいてから仕留めに出た。相手を宙に浮かせ、土俵下まで押し出した。

2人とも、初土俵は2015年3月。御嶽海は、中村を決勝で破って獲得した学生横綱などの2冠によって、幕下10枚目格付け出しデビュー。中村は大学2年の時に学生横綱になったものの、付け出し資格が失効。番付外の前相撲から歩んできた。

前年11月の新入幕場所で「大輝」からしこ名を変えた北勝富士は、今場所11日目の勝ち越しインタビューで「御嶽海が良い刺激になる」と答えた。

御嶽海は取組後「今日は『相手をしてやろう』くらいに思っていた。立ち合いも、流れでの当たりも、相手が軽いっすね。学生の時と印象が違う」と語った。見下したのではない。同じ24歳。発奮し、早く共に角界を引っ張れる存在になろう—と願うからだ。

30歳の稀勢の里が悲願の初優勝を遂げた14日目。御嶽海は北勝富士との初顔合わせで、世代交代の足場を一歩固めた。

14日目
御嶽海 10−4 ○押し出し● 北勝富士 8−6

北勝富士《ほくとふじ》

番付＝東前頭8枚目（自己最高位）
出身＝埼玉県
部屋＝八角
体格＝183センチ、160キロ
年齢＝24歳（日体大出、元学生横綱）
初土俵＝2015年春
新十両＝16年名古屋
新入幕＝16年九州
得　意＝押し
先場所＝9勝6敗
【初顔合わせ】

通算61敗には悔い
「もっと早く達成できたかな…」

通算100勝を挙げた御嶽海は「節目で（得意の）突き押しで相手を出して勝った。最高です」と感想を語った。

日本相撲協会には、「初土俵から通算100勝時点で50敗以内」（昭和35年7月場所以降）という記録が残っており、33人が記載されている。

御嶽海は61敗しているため、対象外。インフルエンザで途中休場した前年の初場所の不振や、土俵際の詰めが甘くて逆転負けした取組があり、「もっと早く達成できたかな」と悔やむ。ただ、所要12場所での達成は、協会のこの記録に照らし合わせると、幕下付け出しデビューの武双山、雅山の11場所目に次ぎ、豊山、土佐ノ海と並ぶ速さ。

年6場所で戦うのは計90番。史上最多は1047勝で白鵬があと28勝に迫る。御嶽海は「そこは長いね。次は200勝を目指すというよりも、毎場所、白星の方を多く重ねていきたい」とした。

光る技、挑み続ける

千秋楽
御嶽海 11－4 ○すくい投げ● 千代の国 9－6

引きずらず、落ち込まず…技能賞

御嶽海は苦境にあっても独自の思考で自分を保ち、快進撃につなげた。

1月3日、出羽海一門の連合初稽古を腹の不調で欠席。本家の筆頭力士としての自覚や健康管理を親方衆から求められた。本人は「指摘は期待されているから。反省する部分は反省したい」としつつ、「場所が始まれば（過去は）関係ない。気にしないようにしている」と引きずらなかった。

上位陣との3度目の総当たり戦で4人を撃破。「2度目までは準備の時期だった。負けて得るものは何もなく、勝たないと意味はない。だから1度目はこの辺（の結果と内容）でいい、2度目はこの辺までいこう。そして次は勝とうって思ってきた」。今場所も白鵬、稀勢の里には及ばなかったが、落ち込まない。

結びの一番を3日連続で経験。重圧や緊張で力が発揮できないことはないのか―と記者に問われると、こう返答した。「挑戦者の気持ちでいればそれはない。挑戦する人生は自分の元々のスタイル」。道を進む中で達成感を得られ、考え方や人間関係も広がるから、「挑戦していく人生が面白い」と語る。

上位との総当たり場所で初めて連敗がなかった。得意とする押し相撲は四つ相撲に比べ、調子の波があると言われる。「中学時代、成長曲線を右肩上がりにするためにも、上がる波を大きく、下がる波を小さくしようとコーチに言われた」。ただ、「上がる波が10だとして、中学時代は下がる波も10の時があった」という。

課題の整理と切り替えは少しずつ、無駄なくできるようになった。大学時代、下がる波が「1か2になった」と感じた。学生横綱、アマチュア横綱など個人15のタイトルを獲得した。

場所前の5日。初詣先の浅草寺で引いたおみくじは「凶」だった。だが、幸先が悪いとは考えなかった。「引いた時が運の底。それよりも運が悪くなることはない。ラッキーで、一番良いのを引いた」。その通りの勝ちっぷりで、新年最初の15日間を終えて見せた。

初の技能賞

西前頭筆頭の御嶽海は初場所を11勝4敗で終え、2横綱2大関を好内容で破る快進撃によって三賞の技能賞を初めて受賞した。県出身力士の技能賞選出は初めて。技能の特に秀でた力士が受ける技能賞の獲得は、御嶽海にとって敢闘賞を受けた昨年5月の夏場所以来、4場所ぶり2度目の三賞受賞。

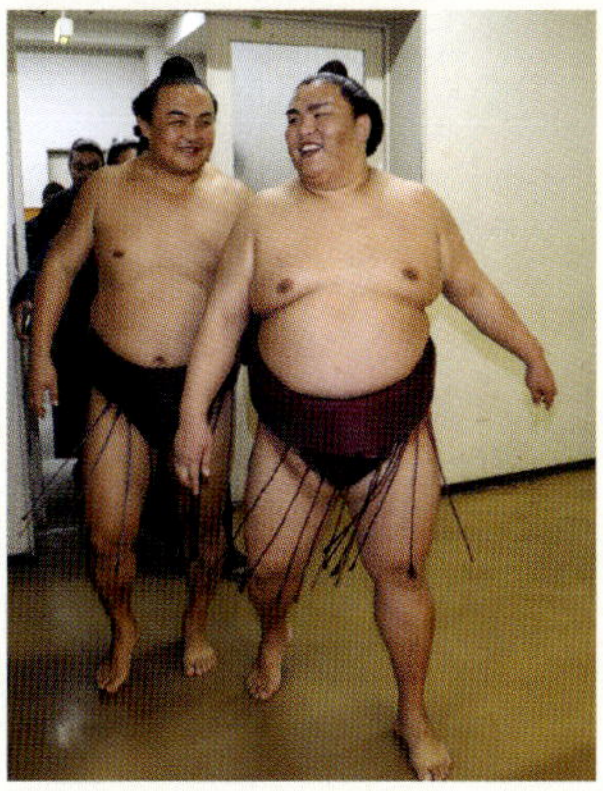

技能賞の表彰式に向かう御嶽海と蒼国来

11勝、幕内自己最多

御嶽海は幕内で2度目となる自己最多の11勝目を挙げ、大躍進の初場所を締めた。前回の番付の西前頭8枚目を上回る、西前頭筆頭で自分の力を発揮。「幕内の下位じゃなく、筆頭で11勝できた。今までにない感じでうれしい。一段と自信をつけた」と誇らしげだった。

押し相撲の御嶽海にとって、技能賞に選出されたのは、新鮮な感覚だったようだ。「自分のような人間が取って良かったのかなと」。三賞選考委員会で体の寄せ方や膝の使い方を評価されたことを知ると、「稽古してきたから。本場所で出せて良かった」と話した。

千秋楽も巧みさを見せた。立ち合いで当たり勝つと、横にずれた千代の国を、足を運んで追い、四つに組んだ。いったん距離を取ろうと引いたところで相手の出足に土俵際まで追い込まれたが、もろ差しで反撃。投げの打ち合いで我慢し、千代の国が先に落ちた。

三賞授与のため、表彰式まで国技館に残った。初優勝した稀勢の里には5日目に敗れたが、土俵際まで追い込んだ。「過去の上位戦2場所と違って自分の相撲が取れ、善戦した。優勝は刺激になる。来場所は絶対に勝つ」。存在感をさらに高めるため、準備を始める。

千代《ちよ》の国《くに》

番付＝西前頭8枚目
出身＝三重県
部屋＝九重
体格＝１８２センチ、１４０キロ
年齢＝26歳
初土俵＝２００６年夏
新十両＝11年名古屋
新入幕＝12年初
最高位＝前頭４枚目
得意＝突き、押し、右四つ、寄り
先場所＝5勝10敗
【前回の対戦】
２０１６九州　○寄り切り
（通算　３勝）

御嶽海「11勝はうれしい。立ち合いは今までと違い、踏み込み、圧力で負けることがなかった。大関、横綱ともやって自信がついた。来場所の番付が（三役に戻れるか）どうなるか分からないけれど、今場所のように勝てればいい」

出羽海親方「初日から大関豪栄道に好内容で勝ち、良い流れになった。押し相撲だから分かりづらいかもしれないが、十分に技能相撲を取った。足の運びや膝の寄せ方が良く、突き放して2本差すのも技術がないとできない。3月の春場所は上位陣も御嶽海を研究してくる。2月中に稽古しておくしかない」

元幕内大鷲・伊藤平さん語る

すごい活躍　圧力に磨きを

9日目、自分の相撲料理店の企画で40人余のバスツアーで観戦にきた。両国国技館に入る前、近くにある出羽海部屋に寄って御嶽海を激励した。初場所は前年も見に来たが、御嶽海がインフルエンザで途中休場した日と重なり、会えなかった。顔を合わせるのは、春巡業佐久場所があった16年4月以来。大銀杏は似合うし、勝負師の厳しさのある表情になっている。体も一回り大きくなった。

横綱、大関陣との総当たり戦で4勝3敗と勝ち越した。相撲勘や取り口に天性の素質がある。場所前に稽古が不足した中、初日にスピードを生かし、大関豪栄道に勝った。その取組から、出足に始まって全てが良くなった。初金星の日馬富士には膝をよく曲げ、食い付いて寄った。相手の攻めを我慢し、圧力があるから、相手がはたきに来る。2個目の金星となった鶴竜も引いてくれた。9日目は同じ押し相撲の玉鷲を相手に今までで一番良い相撲を取った。低い位置から押すから、上から来る玉鷲を浮かせられる。

それにしても、すごい活躍だ。自分の現役時代は横綱に4度ほど敗れたが、金星を御嶽海が挙げてくれ、うれしかった。自分の店でも、近い将来に大関昇進だなって話すお客さんの話を聞く。そんなに簡単なものではないと感じる部分もある。上位戦で勝てなかった白鵬や稀勢の里を破るには、稽古で圧力を引き続き高め、相手がはたきに出ざるを得ないような展開をつくってほしい。

素質生かすために　稽古を

御嶽海が技能賞を受賞した。2日目の日馬富士戦が特に光った。上手を取って投げようとした横綱の膝にすっと自分の膝を寄せ、投げられたり、つられたりするのを防いだ。自然に反応したとしたら天性の素質がある。敢闘賞を加えても良かったと思う。初場所の盛り上がりに貢献したのだから。

相性が良い相手にとことん強い感じがあるが、合口が悪い相手には結果が出ない。蒼国来はしなやかな体で、粘りがある。御嶽海は押している手応えがなくてリズムが狂うのだろう。昔は初代若乃花ら上位陣が地方巡業で苦手な相手を土俵に上がらせて稽古を付け、自分には勝てないという感覚を植え付ける姿があった。御嶽海は稽古で苦手意識を克服してほしい。

来場所で三役に復帰してもおかしくない成績と見るが、番付編成は日本相撲協会の審判部が頭を痛めると思う。関脇は玉鷲が勝ち越して残り、大関琴奨菊が落ちてくる。2桁勝った東小結の高安をどうするか。今場所までなかった張出関脇の地位をつくるのか。それは御嶽海の新番付にも影響する。

御嶽海は素質を生かすためにも動きを体で覚えるように稽古し、来場所も今場所のような姿勢で、一つの白星も無駄にしないように取ってほしい。そうすれば、遠くないうちに大関昇進が見えてくる。

決めた！ 三役で初の勝ち越し

来場所へ気を引き締め、「改めて立ち合いを磨きたい」

春場所の新番付発表で「東小結」に返り咲き

東小結は新三役だった2016年九州場所で就いた自己最高位タイ。御嶽海は「自分の押し相撲を取って三役で初の勝ち越しをしたい」。春場所が行われる大阪は2015年に初土俵を踏んだ地。2年前、報道陣の取材に応えた時と同じという緑色の着物姿で「3年目となり、三役で帰って来られたのは特別な思いがあり、うれしい」と話した（2月27日）

初日前日、15日間の無事を祈る土俵祭りに出席。三役以上は出席を求められ、新横綱稀勢の里や38度目の賜杯を狙う白鵬らとともに横一列の右端に着席。冒頭、6年前におきた東日本大震災の犠牲者へ黙とうした（3月11日）

同じ堺市に宿舎がある追手風部屋への出稽古で、大翔丸（右）を攻める御嶽海。同部屋の関取衆は同世代の同じ学生相撲の出身者が多く、以前から互いを研究してきた間柄だ（3月2日）

2日目の松鳳山戦。突っかけ気味に腰高のもろ手突きで来た松鳳山を、もろ差しでどっしり受け止め、攻める御嶽海。押し出して初日を出した（3月13日）

元幕内大鷲・伊藤平さん語る

士気落とさず　もっと稽古を

三役で初めて勝ち越して自信がつくし、良かった。中日から後半戦は一日一番の気持ちで毎日、開き直って取っている感じだった。このままで大丈夫かと不安になるような内容で負けても、翌日には勝つし、良い相撲も取っていた。

相性が良い相手にはめっぽう強い。立ち合いの圧力で勝っているから、豪風戦では流れが良かったし、千代の国は引いてくれた。勢には変化したが、横に逃げるのもうまい。幕内で4戦全敗だった苦手な蒼国来にも下からどんどんいって勝った。

ただ、日馬富士には立ち合いの力が2枚も3枚も上だった。照ノ富士には片腕をきめられた。はず押しではなく、ただ差して、かいなを返さないからそうなる。御嶽海は押す時の手の形が開き気味だが、猫の手のように丸くした方が良いと思う。

私の現役時代、同じ高砂一門で関脇になった押し相撲の富士桜は、ぶつかり稽古を徹底的にやった。朝稽古に来ると、ぶつかり稽古をやってから申し合い稽古をやって、さらに仕上げのぶつかり稽古をやった。御嶽海も量を増やしてほしい。

今場所は関脇が3人とも勝ち越しているから、来場所は小結にとどまると思う。自分がもっと勝つか、小結に上げざるを得ないような快進撃の平幕上位がいれば別だったが、難しい。それでも士気を落とさず、勝ち星を積み上げてほしい。

会場のエディオンアリーナ大阪の前に立ち並ぶ幟

体重・三役の重圧　苦しみの先へ

2横綱2大関を破って11勝した先場所と比べ、仕切りの段階から気迫が前面に出ず、立ち合い後の動きも躍動感に乏しいと感じたファンも少なくなかっただろう。御嶽海本人も今場所、白星を積み上げながら苦しんでいた。

場所前に量った体重は161キロ。初めて160キロを超え、自己最高を更新したが、「重過ぎました」と振り返る。張り出た腹部が邪魔で、踏み込み時に前傾姿勢が取りづらかった。「肝臓に負担がかかっているのか、だるさも抜けなかった」

先場所は158キロで戦った。その後、巨漢の幕内碧山と1月15番を計12日間取ってたくましくなった一方、三賞にも選出された先場所の活躍を祝う後援者との宴席が続き、増量につながった。

「わずか3キロの差でも全然違った。これ以上増やしては駄目。夜の炭水化物から減らしたい」。御嶽海は身長178センチ。14センチも高い白鵬が御嶽海より軽い156キロであるように、適正体重はそれぞれ違う。

師匠の出羽海親方は「(長期遠征となる)巡業もあるから、自己管理してほしい」と忠告。糖尿病で土俵人生を狂わす力士が少なくないこともあり、まな弟子を心配する。

御嶽海がもう一つ苦しんだのは、三役2場所目で改めて実感した新たな心境だった。三役は日本相撲協会の公式の場に加わる機会が増える。巡業先によっては平幕とは支度部屋が違うなど、扱いも特別だ。「三役の座を維持したいという、今までとは違った気持ちがあった」。それは〝負けてもともと〟の姿勢で臨める取組を減らしてしまうことにつながりかねない。

ただ、御嶽海は出世欲が薄れたわけではない。「今も挑戦の途中であるのは確か。勢いを持って、さらに上位に上がりたい。三役の土俵で取るのにまだ慣れていないが、これは慣れていけばいい」。三役の重圧は大関や横綱が感じる重圧の序章のようなもの。世代交代の担い手も、年数がたてば、やがて次の担い手から挑戦を受ける立場となる。御嶽海はそれを理解している。番付を上げれば、挑戦のテーマも変わる。24歳のホープは三役で経験を積み、地力を強固にする。

そろいの法被姿で横断幕を掲げ、御嶽海に声援を送る近畿県人会員ら（3月13日）

５日目の白鵬戦は不戦勝。初土俵から13場所目、通算167戦目で初の不戦勝を経験。御嶽海は「やってみたい気持ちはありました」（3月16日）

14日目の千代の国戦。立ち合いからの力強い押しで千代の国を下し、三役での勝ち越しを決める。12日目から平幕相手の3連勝。13日目は幕内で4戦全敗だった蒼国来に快勝し、取りこぼすことなく勝ち越しまでこぎつけた（3月25日）

場所		勝敗	決まり手	対戦相手	
16九州場所 東小結 6勝9敗	初日	●	押し出し	鶴竜	西横綱、モンゴル出身、井筒部屋
	2日目	○	肩透かし	琴奨菊	東大関、福岡県出身、佐渡ケ嶽部屋
	3日目	●	首投げ	高安	東関脇、茨城県出身、田子ノ浦部屋
	4日目	●	寄り切り	豪栄道	東大関、大阪府出身、境川部屋
	5日目	●	寄り切り	照ノ富士	西大関、モンゴル出身、伊勢ケ浜部屋
	6日目	●	寄り切り	稀勢の里	西大関、茨城県出身、田子ノ浦部屋
	7日目	●	寄り切り	日馬富士	東横綱、モンゴル出身、伊勢ケ浜部屋
	8日目	●	寄り切り	白鵬	東横綱、モンゴル出身、宮城野部屋
	9日目	○	寄り切り	栃煌山	東前頭筆頭、高知県出身、春日野部屋
	10日目	○	押し出し	碧山	西前頭筆頭、ブルガリア出身、春日野部屋
	11日目	●	寄り切り	魁聖	東前頭2枚目、ブラジル出身、友綱部屋
	12日目	○	押し出し	玉鷲	西小結、モンゴル出身、片男波部屋
	13日目	●	上手出し投げ	嘉風	西前頭2枚目、大分県出身、尾車部屋
	14日目	○	突き落とし	隠岐の海	西関脇、島根県出身、八角部屋
	千秋楽	○	寄り切り	千代の国	西前頭4枚目、三重県出身、九重部屋
17初場所 西前頭筆頭 11勝4敗	初日	○	寄り切り	豪栄道	西大関、大阪府出身、境川部屋
	2日目	○	寄り切り	日馬富士	西横綱、モンゴル出身、伊勢ケ浜部屋
	3日目	●	寄り切り	白鵬	東横綱、モンゴル出身、宮城野部屋
	4日目	○	押し出し	鶴竜	東横綱、モンゴル出身、井筒部屋
	5日目	●	寄り切り	稀勢の里	東大関、茨城県出身、田子ノ浦部屋
	6日目	○	寄り切り	琴奨菊	西大関、福岡県出身、佐渡ケ嶽部屋
	7日目	●	押し出し	照ノ富士	東大関、モンゴル出身、伊勢ケ浜部屋
	8日目	○	寄り切り	高安	東小結、茨城県出身、田子ノ浦部屋
	9日目	○	突き出し	玉鷲	東関脇、モンゴル出身、片男波部屋
	10日目	○	寄り倒し	正代	西関脇、熊本県出身、時津風部屋
	11日目	○	引き落とし	豪風	東前頭5枚目、秋田県出身、尾車部屋
	12日目	○	押し出し	宝富士	東前頭筆頭、青森県出身、伊勢ケ浜部屋
	13日目	●	寄り切り	蒼国来	西前頭10枚目、中国出身、荒汐部屋
	14日目	○	押し出し	北勝富士	東前頭8枚目、埼玉県出身、八角部屋
	千秋楽	○	すくい投げ	千代の国	西前頭8枚目、三重県出身、九重部屋
17春場所 東小結 9勝6敗	初日	●	下手出し投げ	鶴竜	西横綱、モンゴル出身、井筒部屋
	2日目	○	押し出し	松鳳山	東前頭3枚目、福岡県出身、二所ノ関部屋
	3日目	○	上手出し投げ	玉鷲	東関脇、モンゴル出身、片男波部屋
	4日目	●	寄り切り	高安	西関脇、茨城県出身、田子ノ浦部屋
	5日目	□	不戦勝	白鵬	東横綱、モンゴル出身、宮城野部屋
	6日目	●	寄り切り	琴奨菊	東関脇、福岡県出身、佐渡ケ嶽部屋
	7日目	●	寄り切り	稀勢の里	西横綱、茨城県出身、田子ノ浦部屋
	8日目	●	押し出し	照ノ富士	西大関、モンゴル出身、伊勢ヶ浜部屋
	9日目	○	寄り切り	正代	西小結、熊本県出身、時津風部屋
	10日目	○	送り出し	勢	西前頭筆頭、大阪府出身、伊勢ヶ浜部屋
	11日目	●	寄り切り	日馬富士	東横綱、モンゴル出身、伊勢ヶ浜部屋
	12日目	○	押し出し	豪風	東前頭筆頭、秋田県出身、尾車部屋
	13日目	○	寄り切り	蒼国来	東前頭2枚目、中国出身、荒汐部屋
	14日目	○	押し出し	千代の国	東前頭6枚目、三重県出身、九重部屋
	千秋楽	○	引き落とし	栃煌山	西前頭10枚目、高知県出身、春日野部屋

題字揮毫
御嶽海
木村千鷲
(出羽海部屋所属行司)

場所		勝敗	決まり手	対戦相手	
16春場所 西前頭13枚目 10勝5敗	初日	●	すくい投げ	大翔丸	東前頭14枚目、大阪府出身、追手風部屋
	2日目	○	引き落とし	大栄翔	西前頭14枚目、埼玉県出身、追手風部屋
	3日目	○	肩透かし	千代鳳	東前頭13枚目、鹿児島県出身、九重部屋
	4日目	○	寄り倒し	英乃海	西前頭12枚目、東京都出身、木瀬部屋
	5日目	●	送り出し	逸ノ城	東前頭11枚目、モンゴル出身、湊部屋
	6日目	○	寄り切り	北太樹	西前頭15枚目、東京都出身、山響部屋
	7日目	●	押し出し	臥牙丸	東前頭10枚目、ジョージア出身、木瀬部屋
	8日目	○	寄り切り	明瀬山	東前頭16枚目、愛知県出身、木瀬部屋
	9日目	○	押し出し	阿夢露	西前頭11枚目、ロシア出身、阿武松部屋
	10日目	●	寄り切り	徳勝龍	東前頭12枚目、奈良県出身、木瀬部屋
	11日目	●	寄り切り	魁聖	西前頭7枚目、ブラジル出身、友綱部屋
	12日目	○	寄り切り	里山	東前頭15枚目、鹿児島県出身、尾上部屋
	13日目	○	寄り切り	妙義龍	東前頭6枚目、兵庫県出身、境川部屋
	14日目	○	押し出し	千代大龍	西前頭8枚目、東京都出身、九重部屋
	千秋楽	○	寄り切り	正代	西前頭6枚目、熊本県出身、時津風部屋
16夏場所 西前頭8枚目 11勝4敗	初日	○	押し出し	豊ノ島	東前頭7枚目、高知県出身、時津風部屋
	2日目	○	送り出し	大砂嵐	西前頭7枚目、エジプト出身、大嶽部屋
	3日目	●	寄り切り	蒼国来	東前頭9枚目、中国出身、荒汐部屋
	4日目	○	押し出し	徳勝龍	西前頭10枚目、奈良県出身、木瀬部屋
	5日目	●	突き落とし	高安	西前頭5枚目、茨城県出身、田子ノ浦部屋
	6日目	○	下手投げ	千代鳳	東前頭11枚目、鹿児島県出身、九重部屋
	7日目	○	押し出し	豪風	東前頭12枚目、秋田県出身、尾車部屋
	8日目	○	寄り切り	栃煌山	東前頭5枚目、高知県出身、春日野部屋
	9日目	○	押し倒し	栃ノ心	西前頭4枚目、ジョージア出身、春日野部屋
	10日目	●	寄り切り	遠藤	西前頭15枚目、石川県出身、追手風部屋
	11日目	○	寄り切り	貴ノ岩	東前頭6枚目、モンゴル出身、貴乃花部屋
	12日目	●	寄り切り	松鳳山	西前頭11枚目、福岡県出身、二所ノ関部屋
	13日目	○	寄り切り	錦木	東前頭14枚目、岩手県出身、伊勢ノ海部屋
	14日目	○	肩透かし	臥牙丸	東前頭15枚目、ジョージア出身、木瀬部屋
	千秋楽	○	寄り切り	大翔丸	東前頭13枚目、大阪府出身、追手風部屋
16名古屋場所 東前頭筆頭 5勝10敗	初日	●	寄り切り	稀勢の里	東大関、茨城県出身、田子ノ浦部屋
	2日目	●	寄り切り	鶴竜	西横綱、モンゴル出身、井筒部屋
	3日目	●	寄り切り	白鵬	東横綱、モンゴル出身、宮城野部屋
	4日目	●	寄り切り	日馬富士	東横綱、モンゴル出身、伊勢ケ浜部屋
	5日目	●	押し出し	琴奨菊	西大関、福岡県出身、佐渡ケ嶽部屋
	6日目	○	押し出し	照ノ富士	西大関、モンゴル出身、伊勢ケ浜部屋
	7日目	●	上手出し投げ	豪栄道	東大関、大阪府出身、境川部屋
	8日目	●	寄り切り	魁聖	東関脇、ブラジル出身、友綱部屋
	9日目	○	押し出し	琴勇輝	東小結、香川県出身、佐渡ケ嶽部屋
	10日目	●	寄り切り	正代	東前頭5枚目、熊本県出身、時津風部屋
	11日目	●	寄り切り	栃ノ心	西関脇、ジョージア出身、春日野部屋
	12日目	○	寄り切り	松鳳山	東前頭4枚目、福岡県出身、二所ノ関部屋
	13日目	○	寄り切り	勢	西前頭4枚目、大阪府出身、伊勢ノ海部屋
	14日目	●	寄り切り	蒼国来	西前頭9枚目、中国出身、荒汐部屋
	千秋楽	○	寄り切り	徳勝龍	西前頭12枚目、奈良県出身、木瀬部屋
16秋場所 東前頭5枚目 10勝5敗	初日	○	押し出し	千代の国	東前頭6枚目、三重県出身、九重部屋
	2日目	○	上手出し投げ	千代鳳	西前頭4枚目、鹿児島県出身、九重部屋
	3日目	○	寄り切り	玉鷲	西前頭6枚目、モンゴル出身、片男波部屋
	4日目	●	はたき込み	豪風	西前頭9枚目、秋田県出身、尾車部屋
	5日目	●	押し出し	嘉風	西前頭筆頭、大分県出身、尾車部屋
	6日目	○	押し出し	琴勇輝	西前頭8枚目、香川県出身、佐渡ケ嶽部屋
	7日目	○	寄り切り	荒鷲	東前頭10枚目、モンゴル出身、峰崎部屋
	8日目	●	寄り切り	隠岐の海	東前頭筆頭、島根県出身、八角部屋
	9日目	○	寄り切り	貴ノ岩	東前頭3枚目、モンゴル出身、貴乃花部屋
	10日目	○	寄り切り	勢	西前頭7枚目、大阪府出身、伊勢ノ海部屋
	11日目	○	外掛け	照ノ富士	西大関、モンゴル出身、伊勢ケ浜部屋
	12日目	●	寄り切り	遠藤	東前頭14枚目、石川県出身、追手風部屋
	13日目	○	押し倒し	高安	東関脇、茨城県出身、田子ノ浦部屋
	14日目	●	寄り切り	琴奨菊	西大関、福岡県出身、佐渡ケ嶽部屋
	千秋楽	○	寄り切り	宝富士	西関脇、青森県出身、伊勢ケ浜部屋